THE GROOVY GREEKS
BY TERRY DEARY

Text Copyright © Terry Deary, 1996
Illustrations Copyright © Martin Brown, 1996
Translation Copyright © Gimm- Young Publishers, Inc., 1999
All rights reserved.

This Korean language edition is published by arrangement with
Scholastic Ltd., London through Eric Yang Agency, Seoul.

그럴싸한 그리스

앗, 이렇게 재미있는 사회·역사가!

테리 디어리 글 | 마틴 브라운 그림 | 서현정 옮김

주니어김영사

그럴싸한 그리스

1판 1쇄 인쇄 | 1999. 9. 27.
개정 1판 1쇄 발행 | 2019. 12. 5.

테리 디어리 글 | 마틴 브라운 그림 | 서현정 옮김

발행처 김영사 | 발행인 고세규
등록번호 제 406-2003-036호 | 등록일자 1979. 5. 17.
주소 경기도 파주시 문발로 197(우10881)
전화 마케팅부 031-955-3100 | 편집부 031-955-3113~20 | 팩스 031-955-3111

값은 표지에 있습니다.
ISBN 978-89-349-9885-3 74080
ISBN 978-89-349-9797-9 (세트)

좋은 독자가 좋은 책을 만듭니다. 김영사는 독자 여러분의 의견에 항상 귀 기울이고 있습니다.
독자의견전화 031-955-3139 | 전자우편 book@gimmyoung.com
홈페이지 www.gimmyoungjr.com | 어린이들의 책놀이터 cafe.naver.com/gimmyoungjr

이 책의 한국어판 저작권은 EYA(Eric Yang Agency)를 통한 Scholastic Limited사와의 독점
계약으로 ㈜김영사에 있습니다.
저작권법에 의해 한국 내에서 보호를 받는 저작물이므로 무단전재와 무단복제를 금합니다.

이 도서의 국립중앙도서관 출판시도서목록(CIP)은 서지정보유통지원시스템
홈페이지(http://seoji.nl.go.kr)와 국가자료공동목록시스템(http://www.nl.go.kr/kolisnet)에서
이용하실 수 있습니다. (CIP제어번호 : CIP2019031970)

어린이제품 안전특별법에 의한 표시사항
제품명 도서 제조년월일 2019년 12월 5일 제조사명 김영사 주소 10881 경기도 파주시 문발로 197
전화번호 031-955-3100 제조국명 대한민국 ⚠주의 책 모서리에 찍히거나 책장에 베이지 않게 조심하세요.

차례

책머리에	7
고대 그리스의 주요 사건 연표	9
잔인한 그리스의 신들	12
교활한 그리스 인의 속임수	19
연극보다 짜릿한 현실	28
용감 무쌍한 스파르타 인	42
별난 아테네 사람들	51
막강 페르시아의 침입	58
알렉산드로스 대왕	66
신탁과 미신	69
그리스 인은 어떻게 살았을까?	83
그리스 인은 어떻게 죽었을까?	96
멋진 올림픽 경기	107
그리스 인은 무엇을 먹었을까?	115
그리스 어린이들은 어떻게 살았을까?	120
로마 인의 침략	130
그리스 이야기를 끝내며	133

책머리에

아무리 외워도 끝이 없는 그 수많은 지긋지긋한 이름과 사건, 연대······. 역사는 정말 지긋지긋하다. 누구 때문일까?

그게 아니다. 그것은 바로 그리스 인 때문이다.

그리스인은 이미 약 2500년 전에 '역사'를 만들었다.

그런데 그리스인이 만든 건 역사뿐만이 아니다. 연극, 올림픽 경기, 그리고 심지어는 사진기까지 만들었다.

어떻게 알았지? 이 책 이름이 바로 『그럴싸한 그리스』이다. 이 책에는 선생님이 말해 주지 않는 새로운 사실들이 잔뜩 들어 있다. 여러분이 정말로 알고 싶어하던 것들 말이다. 무시무시한 이야기도 있고, 웃기는 이야기도 있다.

고대 그리스의 주요 사건 연표

기원전

1600년~1200년 크레타의 힘센 미케네 왕들이 최초의 그리스 문명을 만듦.

1180년경 트로이 함락. 그 유명한 트로이의 목마는 바로 이 시절 이야기!

1100년경 스파르타 탄생.

776년 최초의 올림픽 경기가 열림.

750년경~550년 그리스 인이 바다로 나가 무역을 시작.

730년경 세계 최초로 '시'를 지음. 가장 유명했던 시인은 호메로스였다.

640년 올림피아에 세운 헤라 여신의 신전 지붕에 세계 최초로 기와를 얹음.

600년경 탈레스가 지구는 물 위에 떠 있다고 주장.

585년 탈레스가 개기 일식이 일어날 것을 예언.

350년경 최초의 연극 공연. 리디아의 크로이소스 왕이 금화와 은화를 만듦. 세계 최초로 글자를 새긴 동전이었다.

530년경 아테네의 페이시스트라토스가 최초로 도서관을 세움.

520년경 알크마이온이 시체를 해부해서 인체를 연구. 대단하지?

490년 페르시아가 그리스를 침공함. 그러나 마라톤 전투에서 대패.

486년 아테네에서 최초의 희극이 상연됨.

480년 페르시아의 크세르크세스가 그리스를 침공. 테르모필레 전투에서 수많은 스파르타의 영웅들이 목숨을 잃음.

460년 스파르타-페르시아 연합군과 아테네 사이에 전쟁이 벌어짐.

431년~404년 아테네가 거만하게 구는 바람에 다른 도시 국가들이 들고 일어나 펠로폰네소스 전쟁이 일어남. 여기서 승리한 스파르타가 그리스의 패권을 잡게 됨.

430년 아테네에 페스트가 번져 지도자였던 페리클레스가 목숨을 잃음. 아테네 시민도 1/4이 죽음.

413년 아테네군이 시라쿠사에서 후퇴한 뒤……

404년 아테네 멸망.

400년경 그리스의 무기 기술자들이 최초로 석궁을 발명.

378년~371년 스파르타가 새로이 떠오른 테베에게 패권을 빼앗김.

336년 알렉산드로스가 부왕의 사망으로 마케도니아의 왕위에 오름. 10년 후, 알렉산드로스는 오랜 숙적인 페르시아를 정복함.

330년 아리스토텔레스가 일종의 바늘 구멍 사진기를 발명. 오늘날 우리가 좋아하는 영화와 텔레비전의 할아버지뻘.

323년 알렉산드로스 사망. 부하들이 마케도니아 왕국을 나누어 가짐.

322년 마케도니아의 침공으로 아테네의 민주 정치가 끝장남.

215년 아르키메데스가 투석기와 같은 전쟁 무기를 발명. 그 덕분에 시라쿠사는 로마의 공격을 3년 동안이나 막아 냄.

213년 아르키메데스가 항구 주위에 거울 벽을 설치해 로마 군의 눈을 부시게 하고, 전함을 불태우기까지 함. 이 때문에 로마 군의 공격 계획이 늦추어지기는 했지만…….

212년 결국 로마가 승리.

146년 그리고 마침내 그리스는 로마 제국의 일부로 편입됨.

기원후

394년 로마 인이 올림픽 경기를 금지시킴. 그 후 1500년간 올림픽이 열리지 못함.

잔인한 그리스의 신들

그리스인이 등장하기 전에는 힘센 미케네인이 그리스를 지배했다. 이들은 그리스 반도 남부에 어마어마한 궁전을 지었다. 아주 대단한 건물이었다. 미케네 왕비는 세계 최초로 수세식 변기를 썼을 정도니까. 그 후, 궁전이 무너지는 바람에 미케네인의 유적도 사라졌다. 물론 수세식 변기도 없어졌다. 무슨 일이 일어났던 것일까? 혹시…….

● 바깥에서 누가 침입했기 때문일까?
● 지진 때문일까?
● 전염병 때문일까?
● 가뭄과 기아 때문일까?
● 기후의 변화 때문일까?

다섯 가지 모두 역사학자들이 그럴싸하게 지어 낸 이유이지만, 공룡이 갑자기 멸종한 것과 마찬가지로 미케네 문명이 사라진 진짜 이유는 아무도 모른다.

미케네인이 사라진 뒤에는 도리아인이 그리스 땅을 차지했다. 그런데 이들이 글 쓰는 법을 잊어버리는 바람에 이 시대에 대해서는 아무것도 전해지는 것이 없다. 그래서 역사학자들은 이 시대를 '암흑 시대'라고 부른다.

글로 적어서 남긴 것이 없는 대신, 이 시대의 역사는 주로 이야기로 남아서 전해졌다. 이런 이야기는 입에서 입으로 전해지면서 과장에다 허풍이 더해져 '신화'가 되었다.

그리스인은 무서운 이야기를 굉장히 좋아했다. 어떤 그리스 작가는 그런 이야기를 아이들한테 들려 주면 안 된다고 말했다(요즘도 너무 무서운 영화는 아이들한테 안 보여 주잖아!).

그러나 이 책은 그런 이야기도 들려 준다. 게다가, 지금부터 하는 이야기는 18세 이하도 감상할 수 있는 내용이다.

그래도 밤마다 악몽에 시달리는 사람은 안 읽는 게 좋다. 정 읽고 싶다면, 눈을 꼭 감고 읽을 것. 그래야 제일 무시무시한 부분은 안 보고 지나갈 수 있으니까.

무서운 이야기라고 분명히 경고했다!

아이를 잡아먹는 신

크로노스(Cronos)는 신들의 왕. 제일 높은 자리에 있으니 늘 행복하리라 생각하겠지만, 천만의 말씀! 언젠가 그의 자식에게 왕의 자리를 빼앗길 것이라는 예언이 있었다.

"그래선 안 되지!"

크로노스는 투덜거렸다.

"여보, 마누라! 아기를 이리 주시오."

"아기는 왜요?"

"글쎄, 달라면 줄 것이지, 웬 말이 그리 많소!"

크로노스의 아내는 갓 태어난 아기를 남편에게 건네 주었다.

"여기 있어요. 아니, 대체 무슨 짓을 하는 거예요?"

"보면 모르오. 아기를 먹고 있잖소."

"먹는다고요? 세상에! 뱃속에 거지가 들었나, 조금 전에 차

도 마셨잖아요. 어떻게 벌써 배가 고프단 말이에요?"

"배고파서 먹는 게 아니오. 내 자식이 왕의 자리를 빼앗으리라는 예언이 있지 않소? 그렇지만 아이가 없으면 왕위를 빼앗기는 일도 없겠지. 그래서 이렇게 먹는 거요."

"한낱 점쟁이 말 때문에 아이를 먹는단 말이에요?"

부인은 한숨을 내쉬었다.

"어쨌든 유비무환(有備無患)이라지 않소. 어서 소화제나 주구려."

그 뒤로도 크로노스의 아내는 계속해서 아기를 낳았고, 크로노스는 아기들을 모두 잡아먹었다. 그러나 마지막 한 명은 살아남았다. 크로노스의 아내가 꾀를 부린 덕분이었다.

"나도 이제 더 이상은 못 참아."

남편에게 잔뜩 화가 난 아내는 제우스(Zeus)가 태어나자, 얼른 자기 침대 밑에 숨겼다. 그리고는 커다란 돌멩이를 아기처럼 꾸며 담요로 싼 다음, 아기 침대에 내려놓았다.

잠시 후, 크로노스가 나타났다.

"아기는 어디 있소?"

"아기 침대에 있어요."

"작은 악마 같으니라구." 크로노스는 아기 침대를 들여다보면서 중얼거렸다.

"부전자전(父傳子傳)이죠." 크로노스의 아내가 중얼거렸다.

"아주 바삭바삭한데." 담요로 싼 돌멩이를 씹어먹으면서 크로노스가 말했다.

"다른 아이들보다 더 튼튼했거든요."

식사를 마친 크로노스는 쓰러지듯이 의자에 털썩 주저앉았다. "아이구, 배야! 날 싫어하는 녀석을 먹어서 이런가?"

"당연하죠. 당신을 싫어하는 아이들을 여러 명 잡아먹었잖아요." 아내가 화난 어조로 대꾸했다.

"어이쿠, 배야." 크로노스는 배를 움켜쥐고 데굴데굴 구르기 시작했다.

"새로 산 카펫에다 토하면 안 돼요. 토할 거면 저기 양동이에다 하세요." 크로노스의 아내가 말했다.

그 순간, 크로노스의 입에서 방금 전에 먹은 돌덩이뿐만 아니라, 이제껏 잡아먹은 아이들이 몽땅 튀어나왔다.

그 모습을 본 크로노스의 아내는 회심의 미소를 지으며 한마디 했다. "아무리 당신이라도 착한 아기신들은 소화시킬 수 없군요."

뱃속에서 튀어나온 꼬마 신들은 과연 예언대로 자기 아버지를 내쫓았을까? 여러분 생각에는 어떻게 됐을 것 같은가?

크로노스를 불쌍히 여길 필요는 없다. 그는 자기 아버지인

우라누스(Uranus)를 죽이고, 그 시체를 토막내서 바다에 내버리기까지 했기 때문이다. 제우스와 젊은 신들은 크로노스와 옛날 신들을 쫓아 버렸다. 새로운 신들이 등장하면서 신화는 더욱 재미있게 변한다. 제우스네 가족은 그다지 화목하지 못해 매일 서로 헐뜯고 싸웠다.

제우스는 올림푸스 산꼭대기에 살면서 하늘과 땅을 다스렸다. 그리스 신화에 등장하는 신들은 모두 대단하지만, 그 중에서도 제우스가 가장 대단하다. 그가 신들의 왕이 된 것도 다른 신들과 싸워 이긴 덕분이다. 그가 주로 하는 일은 예쁜 여자들한테 한눈 팔거나 땅 위로 번개를 내던지는 것이었다.

　제우스의 형제인 포세이돈(Poseidon)은 바다를 다스렸다. 그것은 진짜 따분한 일이었다. 실은, 포세이돈도 자기 일을 좋아하지 않았다. 제우스랑 싸워서 진 탓에 바다를 떠맡게 되었을 뿐이니까. 그래서 포세이돈은 삼지창을 휘두르면서 큰 파도를 일으키고 폭풍우를 불러 지나가는 배를 집어삼키곤 했다.

　그러나 제일 불쌍한 것은 제우스의 또 다른 형제인 하데스(Hades)였다. 그가 맡은 일은 지하 세계를 다스리는 일이었다. 말하자면, 염라 대왕인 셈이다!

즉석 퀴즈!

젊은 신 프로메테우스(Prometheus)는 인간을 너무 좋아한 나머지, 신들에게서 불을 훔쳐다 땅 위에 사는 인간에게 갖다주었다. 그것을 본 제우스가 인간을 벌 주기 위해 끔찍한 것을 만들었는데, 그것은 과연 무엇일까?

a) 여자

b) 파리

c) 선생님

답: a) 그리스인들은 여자를 끔찍한 고통으로 간주했다. 여자 없이 남자가 어떻게 마을을 빼앗아 차지할 수 있었는가. 그렇게 여자가 창조된 것은 순전히 남자를 놀리기 위함이었다. 하지만 그것 말고도 남자가 불의 축복에 대한 그 대가로 치러야 하는 끔찍한 것이 또 있다. 그것은 이른바 '종교'이다. 종교 역시 인간을 괴롭히기 위해 만든 것이다!

교활한 그리스 인의 속임수

트로이의 목마

　트로이의 목마는 누구나 다 알고 있겠지? 그런데 그게 진짜 있었던 일일까? 전해 오는 이야기에 따르면, 어느 날 트로이의 멍청이들은 성 밖에 커다란 목마가 서 있는 걸 발견했다고 한다…….

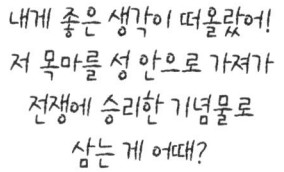

이 이야기는 백 번을 들어도 재미있다. "트로이 사람들이 정말 그렇게 멍청했을까?" 하고 묻는 사람은 거의 없지만, 만약 누가 그런 질문을 한다면, 그 답은 "그렇다"이다. 트로이 사람들은 트로이의 목마에 속은 뒤에도 나중에 또다시 같은 계략에 속아 넘어갈 정도로 멍청했으니까.

트로이의 목마 이야기는 누구나 들어 보았을 것이다. 그런데 역사 선생님은 그 사건이 있고 나서 800년 뒤, 그러니까 기원전 360년경에 트로이 사람들이 그리스인에게 또다시 속아 넘어간 이야기는 잘 모르고 있을걸?

또다시 속아 넘어간 트로이 사람들

배불리 밥을 먹은 카리데무스는 막사 안을 이리저리 돌아다니면서 커다란 손으로 머리를 쓸어 넘겼다.

"트로이를 점령하긴 글렀어. 성벽이 너무 튼튼해. 게다가, 성 안에는 아직도 식량이 넉넉한 것 같고. 안 그런가?"

카리데무스의 질문에 부관은 머뭇거리며 대답했다. "그렇습니다! 그렇다면 트로이의 목마 전술을 다시 한 번 써 보는 게 어떻겠습니까?"

그 말에 카리데무스는 부관을 노려보면서 말했다. "그 말이 몇 번짼지 아나? 벌써 열다섯 번째라고! 목마에 또다시 속아 넘어갈 멍청이가 어디 있겠나? 이번에 목마를 보내면 아마 불을 질러 버릴걸. 어때? 자네가 목마 속에 숨어서 트로이로 가 볼 텐가? 내 말이 맞는지 어떤지 보게 말이야."

그러자 젊은 부관은 얼굴이 벌개지면서 대답했다. "사양하겠습니다, 장군님."

바로 그 때, 누군가 막사로 다가오는 소리가 들렸다. 부관

은 잽싸게 문으로 달려갔다.

"암호?"

"아이아스(트로이 전쟁 때 활약한 그리스 장수 이름)."

암호를 확인한 부관이 막사 문을 열어 주었다. 문이 열리자, 경비병이 거지 차림의 사내 하나를 쇠사슬로 묶어서 끌고 들어왔다. 그리고는 차려 자세로 보고를 시작했다.

"대장님, 이 자는 간첩입니다. 음식을 훔치는 걸 잡아왔습니다. 당장 처형할까요?"

경비병의 보고를 들은 카리데무스는 끌려온 사내를 찬찬히 살펴보았다. 사내가 입은 옷은 때가 잔뜩 묻기는 했지만, 꽤 고급스러워 보였다.

"아직 죽이지는 마라. 그 자를 놔 두고 나가 있어라."

경비병이 경례를 하고 밖으로 나가자, 카리데무스는 사내에게 방석을 가리키면서 말했다.

"앉아라. 이름이 뭐냐?"

사내가 씨익 웃으며 대답했다. "다이몬입니다요."

비쩍 마른 몸에 교활한 눈빛을 가진 이 사내는 눈을 이리저리 굴렸다.

"먹을 걸 훔치려고 트로이에서 왔단 말이지? 성 안에는 먹을 게 없나?"

그러자 다이몬이 야비한 웃음을 지으며 대답했다. "당신네 그리스인은 우리보다 훨씬 더 잘 먹고 있지요. 트로이 왕은 당신들이 우리를 포위하기 전부터 먹을 걸 제대로 주지 않았습죠."

"너는 네 나라 왕을 싫어한단 말인가? 그런데 왜 그 왕을 위해서 일하지?"

카리데무스의 물음에 사내는 어깨를 들썩이며 대답하였다. "그게 제 할 일이니까 그렇죠."

카리데무스가 사내에게로 허리를 숙이며 말했다. "그럼, 내 밑에서 일해 보지 않겠나? 돈도 더 많이 주고, 먹을 것도 많이 주지."

그 말에 다이몬은 자기 손을 멍하니 쳐다보다가 입 안으로 엄지를 쑥 집어넣으면서 말했다. "장군님을 위해서 일하게 된다면 영광입죠. 목숨이라도 바치겠습니다."

다이몬의 말에 카리데무스는 눈을 번뜩이면서 말했다. "좋아, 충성을 다하게. 잘 들어 둬. 날 배신하는 자는 죽음을 면치 못하네. 그것도 아주 천천히 죽게 되지."

다이몬은 방석에 앉아 몸을 비비꼬면서 불안한 듯 미소를 지었다. "그런데 무슨 일을 시키실 거죠?"

"내 목마가 되는 거야. 잘 들어. 지금부터 자네가 할 일을 자세히 말해 주지……."

그리고 일 주일이 지났다. 젊은 부관은 카리데무스가 갑옷 입는 것을 도와 주면서 불안한 기색으로 물었다. "장군님께서는 다이몬이 우리를 배신하지 않을 것이라고 생각하십니까?"

"다이몬은 욕심 많은 녀석이야. 하지만, 바보는 아니지. 그자는 우리가 언젠가는 트로이를 점령하리라는 걸 알고 있어. 그리고 점령 시기가 늦으면 늦을수록 우리가 더 화를 내리라는 것도 말이야. 그러면 우리는 트로이 사람들을 모두 죽이게 되겠지. 다이몬도 포함해서. 하지만, 다이몬이 지금 우리를 돕는다면 자기 목숨은 구할 수 있지. 굶을 필요도 없고 말이야."

카리데무스는 칼을 허리에 차면서 계속 말했다. "망토를 이리 주게."

젊은 부관은 때에 찌든 커다란 망토를 카리데무스의 넓은 어깨 위에 걸쳐 주었다. 망토에는 머리에 쓰는 두건도 달려 있었다. 부관은 망토로 카리데무스의 무기를 감추고, 손에는 먼지를 묻혀 주었다. 그리고는 고개를 끄덕이며 말했다. "누가 봐도 가난한 여행자 같으십니다."

카리데무스는 막사 밖으로 나와 똑같은 복장을 한 10여 명의 군인에게로 다가갔다. 모두들 입을 굳게 다물고 있었다. 카리데무스는 횃불을 훤히 밝힌 막사들을 지나 트로이로 이어지는 돌길로 향했다. 저 앞에서 말을 탄 사내가 이들이 다가오는 모습을 지켜보고 서 있었다.

"준비는 다 됐나, 다이몬?" 카리데무스가 낮은 목소리로 물었다.

"예, 장군님!"

사내는 미소를 지으며 대답하고는, 말을 돌려 트로이 성문 쪽으로 천천히 움직이기 시작했다. 그 뒤를 따라 그리스 병사들도 발을 질질 끌면서 적진으로 걷기 시작했다.

"거기 누구냐?"

성탑에서 누군가 소리를 질렀다.

"나, 다이몬일세!" 배신자 다이몬이 소리쳤다.

"자네였군. 그런데 같이 온 놈들은 뭔가?"

"그리스놈들 정말 군기가 쏙 빠졌더군. 그놈들 막사에 가보니까, 우리 쪽에서 잡아간 포로들이 있었어. 지키는 경비가 겨우 한 명뿐이길래, 내가 그놈을 죽이고 포로들을 데려왔네. 우리를 빨리 성 안으로 들여보내 주게. 다들 병들고 지쳐 있어." 다이몬은 천연덕스럽게 거짓말을 했다.

"어서 들어오게. 아니, 잠깐만! 다이몬, 암호를 대야지."

"카스토르." 다이몬이 재빨리 대답했다.

그러자 성문이 천천히 열렸다. 다이몬이 말을 몰고 성 안으로 들어가자, 그리스 병사들도 그의 뒤를 따라 움직였다.

성문이 닫히자, 어둠 속에서 사내들은 몸에 걸친 망토를 벗어 던졌다. 그리고는 성벽과 성탑으로 이어지는 돌계단으로 올라갔다.

트로이 병사들은 눈깜짝할 사이에 당하고 말았다. 그리스 병사들이 성 밖에서 공격할 것이라고만 생각했지, 성 안에서 공격해 오리라고는 꿈에도 생각지 못했기 때문이다.

　카리데무스는 마지막 경비병의 목을 베어 성 밖으로 던져 버렸다. 그리스 병사들은 성문 위에 있는 탑으로 모였다.
　"이젠 우리 병사들이 오기만 기다리면 돼."
　카리데무스의 말이 끝나자, 부관이 서둘러 성벽 쪽으로 다가가더니 밖을 내다보았다. 저 멀리서 한 무리의 병사들이 달려와 멈춰 섰다.
　"저기 왔군요. 그런데 너무 일찍 도착한 것 같은데요?"
　"그렇다면 우리 그리스 병사들이 아닐지도 모르겠군." 카리데무스가 말했다.
　"너무 어두워서 우리편인지 확인하기 힘듭니다."
　"그래, 암호야. 암호를 물어 보는 거야. 우리 암호는 '목마' 아닌가? 어서 가서 저들에게 암호를 물어 보게."
　부관이 성 밖의 병사들에게 물었다.

"너희들은 누구냐?"

"친구!"

"암호를 대라."

"카스토르."

그리스 병사들은 카리데무스 장군을 쳐다보았다.

"일단 저들을 들어오게 해. 그러지 않으면 저들은 우리 병사들이 도착하기 전에 소란을 피워 트로이 병사들을 깨울지도 몰라. 모두 들어오면 다 처치해 버리는 거야."

성문을 여는 동안 나머지 그리스 병사들은 전투 준비를 했다. 곧이어 트로이 병사들의 발 소리가 들려 왔고, 뒤이어 비명 소리와 칼 부딪치는 소리가 들리더니, 금세 조용해졌다.

다이몬은 트로이 성 안의 가장 어두운 그림자 속에서 말 위에 탄 채 싸늘한 미소를 지으며 그 광경을 지켜보고 있었다. 그리스군을 성 안으로 인도한 그 말을 타고 말이다. 트로이는 다이몬의 말에 속아 또다시 그리스군을 성 안으로 끌어들였고, 그 결과 함락당하고 말았다.

연극보다 짜릿한 현실

신들의 이야기 다음으로 재미있는 것은 영웅들의 이야기. 영웅들은 영원히 살지 못한다는 것만 빼고는 신들 못지않게 대단한 사람들이었다.

영웅 이야기는 주로 시를 통해 전해졌는데, 이런 시는 그리스의 궁전에서 많이 읽혔다. 암흑 시대가 끝나면서 이 시들이 글자로 기록되기 시작했다. 현재 남아 있는 작품 중에서 가장 오래 된 것은 호메로스(Homeros)가 쓴 '일리아드'이다. 일리아드는 그리스와 트로이 간의 전쟁에서 활약한 영웅들에 관한 이야기이다. 이 전쟁은 트로이에 납치된 그리스 왕비 헬레네를 남편인 메넬라오스에게 되찾아 주기 위해 벌어졌다.

고대 그리스에서는 영웅들에 관한 시를 무대에서 읽었는데, 그럴 때면 그 뒤에서 백댄서들이 춤을 췄다. 그런데 어느 날, 아이스킬로스(Aeschylos)라는 시인이 근사한 아이디어를 생각해 냈다. 시를 두 명한테 읽게 한 것이다. 그것이 바로 세계 최초의 연극 공연이었다. 정말 기발한 발명품이었다.

아이스킬로스와 함께 그리스 3대 비극 작가로 알려진 사람은 에우리피데스(Euripides)와 소포클레스(Sophocles)였다.

연극 공연이 활발해지면서 극작가들 사이에서도 경쟁이 심해졌다. 사람들은 연극을 구경하고 나서 제일 재미있는 작품을 쓴 사람한테 상을 주기도 했다. 그런데 고대 그리스의 극장은 요즘 우리가 연극을 보러 가는 극장하고는 많이 달랐다. 옛날 그리스의 극장이 어떠했느냐 하면……

- 무대 배경도 없고,
- 뻥 뚫린 야외 무대에다가
- 여배우는 하나도 안 나오고,
- 액션도 없었다(무대에 오른 사람들은 그저 가만히 서서 말만 했다. 영웅들이 칼을 휘두르면서 악당을 쳐부수는 장면도 동작 없이 말로만 설명했다).
- 배우들은 모두 얼굴에 가면을 썼다(그리고 굉장히 굽이 높은 신발을 신고 있었기 때문에 아주 천천히 걸어다녀야 했다).

그리스 연극에는 비극과 희극의 두 종류가 있었다. 비극은 많은 사람들이 비참하게 죽는 슬픈 내용이고, 희극은 농담이나 우스운 이야기로 이루어진 것이다.

비극 중에서도 가장 유명한 것이 바로 트로이 전쟁에 관한 것! 똑같은 전쟁을 놓고 수많은 작가들이 연극을 만들었는데, 누가 가장 재미있게 이야기를 만드느냐를 놓고 실력을 겨뤘다.

호메로스는 트로이 전쟁을 시로 썼지만, 아이스킬로스는

전쟁 이야기는 다루지 않고, 대신에 남자들이 전쟁에 나간 후 그리스에 남은 여자들의 이야기를 희곡으로 썼다. 희곡 속에는 그리스군의 총사령관 아가멤논의 아내 클리템네스트라와 같은 여자들이 등장한다. 여기 비밀리에 입수된 클리템네스트라의 일기를 소개한다. 진짜냐고? 바보 아니야?

살인 일기

내 동생 헬레네가 그런 짓을 저지르다니! 그 잘생긴 파리스 왕자와 도망친 것이다. 깜찍하게도 남편인 메넬라오스가 성을 비운 사이에 젊은 파리스를 꼬셨다. 정말 말도 안 돼! 나라면 우리 성에 찾아온 손님과 그런 식으로 친해지진 않을 거다. 절대로! 내겐 귀여운 아이들도 셋이나 있으니, 아이들에게 모범을 보여 주는 좋은 엄마가 되어야지. 사람들은 헬레네가 트로이 성으로 갔다고 한다. 그래도 스파르타에 안 간 게 다행이다. 스파르타는 정말 야만스러워서 싫다. 헬레네 같은 애는 스파르타에선 절대로 못 살 거다.

트로이

그런데 문제가 생겼다. 오늘 밤에 남편 아가멤논이 무섭게 뛰어들어오더니, 이렇게 말했다.
"헬레네가 무슨 짓을 저질렀는지 들었소?"
"저도 들었어요. 하지만, 헬레네만 탓할 순 없어요. 정말 나쁜 건 파리스라는 그 잘생긴 청년이라구요."
순간, 말을 잘못했다는 생각이 들었다. 아가멤논의 얼굴이 화가 나서 벌겋게 달아오른 것이다. 어쨌든 난 그가 내 동생 헬레네를 욕하게 놔 둘 순 없었다.

헬레네가 원래 무책임하고 제멋대로인 건 사실이다. 하지만, 그 아이는 내 동생인걸. 내가 아닌 남이 내 동생을 욕하는 건 나도 듣기 싫다.
"잘 생긴 청년이라니! 그놈은 메넬라오스 왕을 찾아온 손님이었단 말이오, 손님! 손님으로 와서는 자기를 대접해 준 사람을 속이고, 그가 사냥을 나간 사이에 그 부인을 데리고 도망쳤단 말이오!"
"소리지르지 말아요. 이피게네이아가 놀라잖아요."
난 딸아이의 머리를 쓰다듬어 주면서 한마디 했다.
"엄마, 아빠 왜 화났어?"
이피게네이아가 묻길래, 난 이렇게 대답했다.
"헬레네 이모가 트로이로 도망을 갔어. 그 잘생긴 파리스 아저씨랑."
"겨우 그것 때문에?"
이피게네이아는 한마디 하고는, 하던 바느질을 계속했다. 정말 너무 귀여운 아이다. 오레스테스랑 엘렉트라도 이만큼만 예쁘면 얼마나 좋을까? 그 두 아이는 정말 이상한 애들이다.

오레스테스와 엘렉트라

아가멤논은 계속해서 이렇게 말했다.
"어쨌든, 이대로 가만히 있을 순 없소. 그놈들도 우리가 곧 수많은 배를 동원해 쳐들어가리라는 것쯤은 짐작할 거요. 헬레네를 되찾아야 하니까."
"그러려면 몇 달은 걸릴걸요."
"하지만, 그리스 인으로서 이대로 당하고만 있을 수는 없지. 그나저나, 어서 저녁밥이나 주시오. 밥을 먹고 나서 군대를 소집해야겠소."

"군대를 소집한다구요? 설마 당신이 직접 가시려는 건 아니겠죠?"

"직접 가냐고? 직접 가다뿐이겠소. 내가 군대를 지휘할 참이오. 메넬라오스는 내 형제나 다름없는 사람 아니오!"

정말 아가멤논은 못 말린다니까! 왜 남의 일에 끼여들어서 싸움을 벌이겠다는 건지 모르겠다. 그저 핑계만 생기면 전쟁을 하려고 안달이다. 나는 몇 달이고 성에 내버려 두고 말이다. 나야말로 헬레네처럼 도망쳤어야 하는 건데! 아가멤논은 내게 버림받아도 싸다. 그래야 정신을 차리지. 사실, 나도 요즘 아이기스토스라는 청년에게 관심이 있다……

하지만, 절대로 도망은 안 갈 거다. 내가 그랬다간 이피게네이아가 충격을 받을 테니까. 그러니 이대로 아가멤논을 보내는 수밖에. 가다가 뱃멀미나 해라!

아이기스토스

가을

그놈 죽여 버리고 말 거야!
아가멤논, 꼭 너를 죽이고 말 거야.
그놈은 상상도 못 할 짓을 저질렀다. 지금 내 손에 칼이 있다면, 당장 그놈을 죽여 버릴 테다.
하지만, 아가멤논은 지금 여기 없다. 그러니 기다릴 수밖에. 여섯 달이 걸리든, 6년이 걸리든, 언제까지든지 기다렸다가 복수하고 말 것이다.
반드시 내 손으로 죽이고 말 테다.
절대로 용서할 수 없다. 나도 그쯤은 알고 있었다.

그리스 군이 쉽게 트로이로 가지 못하리라는 걸.
많은 전함이 트로이로 향했지만, 바람이 반대로
불어서 배가 앞으로 나가지도 못하고 다시 그리스로
돌아왔다. 바람은 몇 주일이나 계속 불었다.

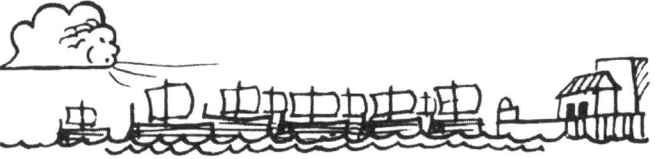

그래서 아가멤논은 신탁을 들으려고 신전으로 갔다.
난 그가 어떤 신탁을 받았는지 전혀 몰랐다.
아가멤논은 신탁을 듣고 나서 조용히 집으로 왔다.
"신탁은 받으셨어요?"
내가 묻자, 아가멤논은 대수롭지 않다는 듯이
이렇게 대답했다.
"음, 희생이 필요하다더군. 제물만 바치면 신들이
바람의 방향을 바꿔 준다고 했소."
"그거 잘 됐네요. 그래, 제물은 어떤 걸 쓰실
거예요? 양인가요, 아니면 사슴인가요?"
내 물음에 아가멤논은 잘 들리지도 않게 뭐라고
중얼거리더니 방을 나가려고 했다.
"대체 뭐라고 하신 거예요?"
그는 내게 사실을 말해 주려 하지 않았다.
"저기, 어, 그러니까 계집아이, 계집아이를 제물로
쓸 거요." 그는 못 할 짓을 한다는 투로 대답했다.
"말도 안 돼요, 여보! 남편을 버리고 애인이랑
도망친 헬레네를 찾겠다고 어린 여자 아이를 죽인단
말이에요?"

"하지만, 그리스인으로서……."
"그래요, 그리스인이 당하고만 있을 수는 없겠죠. 알겠어요. 하지만, 이건 정말 터무니없는 짓이에요. 제물로 바칠 아이의 어머니가 정말 안됐네요."
"그렇지……."
아가멤논은 기어들어가는 소리로 한마디 하고는, 슬며시 방에서 나가 버렸다.
난 정말 화가 났다. 그저 신을 기쁘게 해 주려고 어린아이를 죽이다니, 말도 안 돼! 화가 나서 가슴이 터질 것 같기에 난 이피게네이아를 보면서 마음을 달래려고 했다.
그런데 아이의 유모가 사색이 되어서 달려오더니, 이러는 게 아닌가!
"이피게네이아 아가씨가 제물을 바치는 곳으로 갔습니다요."
"제물 바치는 곳에 가다니. 어린아이는 그런 끔찍한 걸 보면 안 돼. 분명히 많이 놀랄 거야. 너무 놀라서 밥도 안 먹겠다고 할걸. 안 그래도 밥을 잘 안 먹는 아이인데 말이야."
그런데 내 말에 유모가 뭐라고 했던가! 더듬거리면서 이렇게 말하는 게 아닌가!
"그게 아닙니다요. 이피게네이아 아가씨는 앞으로도 영원히 밥은 못 드십니다. 아가씨를 제물로 바친다고요. 제물 말이에요."
나는 그만 말문이 막혀 버렸다. 그 치사하고 더러운 놈이 내 어린 딸을 죽여서 신들에게 제물로 바쳤다는 거다! 고작 군대나 거느리고 바다를 건너려고 말이다.

제물을 바치자마자 신탁의 예언대로 바람의 방향은 바뀌었다. 그래서 내가 아가멤논을 손봐 주기도 전에 그는 군대를 거느리고 떠나 버렸다. 내겐 그 멍청한 오레스테스와 엘렉트라만 남았다.

어쨌든 난 기다릴 거다. 암, 기다려야 하고말고. 참고 기다릴수록 그 열매는 달콤한 법! 난 반드시 복수하고 말 테다. 아가멤논이 전사하지 않는다면, 집에 돌아오는 대로 내 손으로 죽이고 말 테다. 반드시! 그 때까지 무슨 일이 있어도 기다려야 한다.

5년 뒤

트로이 함락은 생각만큼 쉽지 않다. 전쟁도 생각만큼 재미있지 않은 것 같다. 소문에 들으니 맨날 트로이 성 밖에 진을 치고 앉아 있기만 하단다. 다들 속 좁은 사내들뿐이니 속이 무척 탈 거다.

그런데 지루하긴 나도 마찬가지다. 그래도 내 곁엔 아이기스토스가 있으니 다행이다. 상냥하고 사려 깊은 아이기스토스는 트로이로 가지 않았다.

아가멤논 같은 사람은 전쟁에서 죽어 버려야 한다. 하지만, 살아서 돌아오더라도 아이기스토스가 아가멤논을 죽이는 걸 도와 줄 거다. 그가 죽어야 하는 이유가 두 가지 있다. 무엇보다도, 나는 불쌍하게 죽어 간 이피게네이아를 잊을 수 없다.

둘째는 멍청한 오레스테스와 엘렉트라 때문이다. 이 아이들은 정말 너무 이상하다. 친엄마인 나를 하나도 안 좋아한다. 뭐, 그래도 상관 없다. 나도 이 아이들을 별로 안 좋아하니까.

다시 5년 뒤

드디어 아가멤논이 돌아왔다. 정복자의 귀향이라! 힘으로 트로이를 쳐부수지 못하니까, 목마인가 뭔가에다 병사들을 숨겨서 성 안으로 들어갔다고 한다.

트로이 목마

정말 아가멤논다운 치사한 수작이다. 불쌍한 헬레네는 다시 남편한테로 돌아왔다. 그래서 다들 기뻐하고 있다. 나만 빼고. 물론 트로이 사람들도 빼고.

나는 굉장히 기쁜 척하면서 아가멤논을 맞이했다. 어쩔 수 없잖아? 그런데 남편 뒤에 웬 여자가 따라 들어왔다!

"이 여자는 카산드라오."
"카산드라? 트로이 왕의 딸 말이에요?"
내 말에 아가멤논은 우물쭈물대면서 이러는 거다.
"어, 그러니까, 난 이 여자랑 결혼할 생각이오."

"뭐라고요? 당신한테는 내가 있잖아요!"
"그러니까 카산드라는 둘째 아내가 되는 거지."
 이렇게 말하고서 아가멤논은 성 안으로 들어가 버렸다. 그 비쩍 마른 계집애랑 같이 말이다. 그 계집은 앞날을 내다보는 능력이 있다고 한다. 그게 사실이라면 자기가 곧 죽으리라는 것도 알고 있겠지. 그 여자 눈을 보니 분명히 알고 있는 것 같다.

그 다음 날

 다 끝났다. 아가멤논은 이제 죽었다. 우리는 그가 욕실에 들어갈 때까지 기다렸다. 그런 다음, 내가 칼을 들고 욕실로 따라 들어갔다. 사실, 등 뒤에서 찌를 수도 있었지만, 무슨 일이 일어났는지도 모른 채 편히 죽게 하긴 싫었다. 10년 전 이피게네이아가 어떻게 죽었는지 아가멤논도 알게 하고 싶었다. 뒤처리는 아이기스토스가 해 줬다. 정말 끔찍했다.
 카산드라는 자기 방에 있었다. 마치 날 기다리기나 한 듯이. 어쩌면 진짜로 날 기다렸는지도 모른다. 그 계집은 살려 달라고 애원하거나 도망치려고도 하지 않았다. 그저 눈을 감더니 조용히 목을 내밀었다.
 카산드라를 죽이는 게 아가멤논을 죽이는 것보다 더 어려웠던 것 같기도 하다. 어쨌든 이젠 다 끝났다. 그런데 그 멍청한 애들, 오레스테스와 엘렉트라가 무슨 꿍꿍이속인지 모여서 쑥덕거리고 있다. 그래 봤자, 그 멍청한 애들이 어쩌겠어? 친엄마를 죽인다는 것은 신이건 사람이건 용서받지 못할 짓이니까. 난 걱정 없다.

> **오레스테스와 엘렉트라의 일기**
>
> 그러나 자기 남편을 죽이는 것도 용서받지 못할 짓인 건 마찬가지이다. 신들은 아버지의 죽음에 대한 복수를 원했다. 그래서 우리는 어머니와 그 애인인 아이기스토스를 죽여 버렸다. 우리는 이제 조용히 신들의 처벌을 기다릴 뿐이다.
>
> — 오레스테스와 엘렉트라

 이 사건 후, 신들은 오레스테스와 엘렉트라를 벌 주려고 복수의 여신을 내려보냈다. 그러나 결국에는 아테나 여신이 이들 남매를 용서해 주었다.

 그리스인이 좋아했던 것이 바로 이런 이야기였다. 요즘 영화나 텔레비전이 너무 잔인하다고들 하는데, 잔인하고 폭력적인 이야기를 좋아하는 건 수천 년 전 사람들도 마찬가지였던가 보다.

트로이에 관한 진실

 그건 그렇고, 트로이 전쟁에 관한 이야기는 과연 사실일까? 그런 일이 정말 일어날 수 있었을까? 호메로스가 트로이 전쟁에 대한 이야기를 쓴 것은 전쟁이 일어나고 나서 수백 년이 지난 다음의 일이었다. 물론 암흑 시대 동안에는 전쟁 이야기가 사람들 입에서 입을 통해 전해졌을 수도 있다. 그럼, 역사학자한테 한번 물어 볼까?

이솝 이야기

 그리스인은 연극만 좋아한 게 아니라, 이야기도 좋아했다. 그리스 최고의 이야기꾼은 바로 이솝(Aesop)이었다. 이솝 이야기는 지금도 널리 읽히고 있다. '토끼와 거북이'는 모르는 사람이 없을 것이다. 이 이야기의 교훈은 "꾸준히 노력하는 사람이 성공한다"는 것이다. 또, '양치기 소년과 늑대'라는 이야기는 거짓말쟁이는 진실을 말해도 아무도 믿어 주지 않는다는 교훈을 준다.
 그것말고도 "병아리가 태어나기 전에는 달걀의 개수를 헤

아리지 마라"는 말도 이솝 이야기에서 유래된 것이다. 그런데 진짜 굉장한 이야기는 바로 이솝 자신의 삶이다.

이솝은 기원전 6세기경에 그리스에 살았다. 그는 트라키아(지금의 불가리아)에서 태어나, 사모스 섬에서 노예 생활을 하다가 풀려나 여기저기를 돌아다니면서 사람들에게 이야기를 들려 주었다고 한다.

그러다가 델포이까지 가게 되었는데, 그 곳에는 신탁으로 유명한 신전이 있었다. 고대 그리스에서는 무당이 신의 말씀인 신탁을 사람들에게 전해 주었는데, 아마 이솝은 무당들의 눈 밖에 났던 모양이다. 그도 그럴 것이, 그는 이런 이야기를 했기 때문이다.

목신(木神)과 남자 이야기

먼 옛날, 사람들은 나무 막대와 돌과 우상을 숭배하면서 소원을 빌었다. 한 남자가 아버지에게서 물려받은 나무 우상(목신)에 대고 열심히 기도를 했는데, 한 번도 소원이 이루어지지 않았다. 그래도 남자는 계속해서 우상에게 빌고 또 빌었지만, 좀처럼 행운이 찾아오지 않았다.

그러다 결국 화가 난 남자는 우상을 힘껏 내리쳤다. 그러자 그게 땅에 떨어지면서 둘로 갈라졌다. 그런데 이게 웬일? 갈라진 우상 속에서 동전이 우수수 쏟아져 나온 게 아닌가!

이 이야기의 교훈은 '종교란, 사제들이 돈을 긁어 모으기 위한 속임수'일 뿐이라는 것이다.

이런 이야기를 했으니 사제들이 이솝을 싫어한 건 당연한 일! 그래서 사제들은 이솝을 절벽에서 밀어 죽여 버렸다.

용감 무쌍한 스파르타 인

암흑 시대 이후에 등장한 힘센 국가는 스파르타였다. 스파르타 사람들은 좀 유별나다 싶을 정도로 자기들이 세상에서 최고라고 생각했다. 그래서 땅이 필요하면 무조건 남의 땅으로 쳐들어갔다. 그리고 그 땅에 살고 있는 사람들은 무조건 노예로 만들어 버렸다. 스파르타인은 그리스 전체에서 가장 인기 없는 사람들이었다.

물론 노예가 되는 걸 좋아할 사람은 없다. 그래서 침략당한 사람들은 스파르타 인의 장기인 폭력으로 대항하기 시작했다. 스파르타인은 그리스에서 제일 터프한 사람들이었다. 싸움 잘 하는 게 최고라고 생각했으니까.

스파르타인은 어린이에게 싸움을 가르치는 것으로는 부족하다고 여겼다. 그래서 아예 갓난아이 때부터 싸움꾼으로 만드는 훈련을 시켰다.

싸움을 잘 하기 위한 열 가지 방법

1. 아이들은 체력 단련을 위해 달리기, 씨름, 창던지기, 원반 던지기를 했다. 물론 여자 아이도 마찬가지!
2. 여자 아이들은 행진하거나 춤추거나 제사 일을 도울 때에는 옷을 홀딱 벗고 했다. 이렇게 해야 나중에 옷 욕심을 내지

않게 된다나!

3. 스파르타의 결혼 풍습은 신랑이 신부를 강제로 납치하는 형식을 취했다. 결혼한 여자는 머리를 자르고, 남자처럼 옷을 입었다. 신랑은 다시 군대로 돌아가야 했고, 신부를 만나려면 몰래 부대에서 빠져 나와야 했다.

4. 새로 태어난 아기는 노인이 검사했다. 아기가 튼튼하면 먹여 살렸지만, 조금이라도 약해 보이면 산에 내다 버렸다.

5. 아이들은 부모가 키우지 않고 국가에서 키웠다. 아이들은 일곱 살이 되면 집단 생활을 시작했다. 무리 중에서 제일 강한 아이를 지도자로 만들었다. 아이들을 감독하는 어른은 누가 제일 강한지 알아 내기 위해 아이들에게 종종 싸움을 붙였다.

6. 아이들은 열두 살이 되면 망토는 걸칠 수 있지만, 상의는 입을 수 없었다. 그리고 목욕은 일 년에 한두 번밖에 할 수 없었다.

7. 아이들은 풀을 뜯어 모아 그 위에서 잠을 잤다. 추운 겨울이면 가시풀을 뜯어다가 잠자리에 넣었는데, 가시에 찔려 따끔거리면 추위를 잊을 수 있었기 때문이란다.

8. 스파르타의 아이들은 늘 제대로 먹지 못했다. 그 대신, 훔

쳐 먹어도 좋다고 교육받았다. 전쟁에 나가면 남의 것을 몰래 훔치는 기술이 꽤 쓸모있기 때문이었다. 먹을 것을 훔치다가 들키는 아이들은 매를 많이 맞았는데, 물론 도둑질을 했다는 것 때문이 아니라, 멍청하게 들켰다는 것 때문이었다. 스파르타인은 매를 맞아야 강해진다고 생각했다. 그리고 매를 맞다가 죽는 사람은 단지 운이 나쁘기 때문이라고 여겼다.

9. 나이 많은 소년들은 어린 소년들을 하인처럼 부렸다. 어린 소년이 잘못을 저질렀을 때 통상적으로 내리는 벌은 손등을 깨무는 것이었다.

10. 싸움을 하다 울면, 운 아이뿐만 아니라 그 아이의 가장 친한 친구까지 벌을 받았다.

그런데 이렇게 잔인한 것은 스파르타인뿐만이 아니었다. 스키타이인도 만만치 않았다. 그리스 시대의 역사학자 헤로도토스(Herodotos ; 기원전 485~기원전 425)는 스키타이인에 대해 이렇게 기록했다.

잘라 낸 머리는 우선 귀 둘레를 둥글게 베고, 두개골을 흔들어 머리 가죽을 벗긴다. 그런 다음, 황소의 갈비뼈로 머리 가죽을 완전히 뜯어 내고, 손가락으로 만져 가죽을 말랑말랑하게 만든다. 스키타이 병사들은 뜯어 낸 머리 가죽을 말 안장에 달고 다녔는데, 머리 가죽을 가장 많이 달고 다니는 병사가 최고의 병사라는 칭송을 받았다. 대다수의 스키타이 인은 자기가 모은 머리 가죽을 바느질해서 망토로 입고 다니기도 한다.

끝까지 시치미를 뗀 소년

스파르타 사람들이 정말로 어땠는지 알 수 있게 해 주는 이야기가 있다. 스파르타에 살았던 어느 소년의 이야기.

훌륭한 스파르타인이 되는 법 1 : 탐나는 물건은 뭐든지 훔쳐라. 단, 들키지 말 것.

그 소년은 남이 기르던 새끼여우를 훔쳤다.

훌륭한 스파르타인이 되는 법 2 : 쉽게 굴복하지 말고, 버틸 수 있는 데까지 버틴다.

새끼여우를 훔치자마자, 소년은 도망치기 시작했다. 그렇지만 얼마 못 가고 그 주인에게 붙잡히게 되자, 소년은 새끼여우를 옷 속에 숨겼다.

훌륭한 스파르타인이 되는 법 3 : 거짓말과 속임수를 써서라도 도망칠 것!

주인은 여우를 어떻게 했느냐고 다그쳤다. 그러자 소년은 "새끼여우요? 무슨 말씀이세요. 전 그런 건 보지도 못했어요." 하고 시치미를 뗐다.

훌륭한 스파르타인이 되는 법 4 : 붙잡히는 것보다는 차라리 죽는 게 낫다.

그래도 새끼여우의 주인은 계속 여우가 어디 있느냐고 추궁했다. 그런데 별안간 소년이 '쿵' 하고 쓰러지더니 죽어 버리는 것이 아닌가! 경비병들이 소년의 몸을 살펴보았더니, 품 속에 있던 새끼여우가 소년의 몸을 뜯어먹기 시작해 거의 내장까지 뜯어먹은 뒤였다! 용감한 스파르타 소년은 새끼여우가 자신의 몸을 뜯어먹는데도 눈 하나 깜짝하지 않고 참았던 것이다. 비록 목숨을 잃기는 했지만…….

여러분도 이 소년처럼 끝까지 시치미를 뗄 수 있을까?

테르모필레 전투

새끼여우를 훔친 소년의 이야기는 스파르타인이 어떤 사람을 존경하는지 보여 주기 위해 지어 낸 이야기일 수도 있다. 그러나 테르모필레 전투 이야기는 사실이다. 이 이야기에도 항복하느니 죽음을 택하겠다는 스파르타 사람들이 등장한다.

스파르타의 레오니다스(Leonidas) 왕은 300명의 병사를 이끌고 좁은 험로인 테르모필레에서 수만 명의 페르시아 군대와 맞섰다. 페르시아 왕 크세르크세스(Xerxes)는 얼마 되지 않는 적군이 그토록 죽기살기로 싸운다는 사실을 믿을 수가 없었다. 크세르크세스는 스파르타인을 잘 몰랐던 것이다.

그런데 스파르타 병사들은 겁만 없는 게 아니라, 아주 침착하기까지 했다. 전쟁에 나가기 직전에도 몸에 기름을 바르고 머리를 빗었으니까.

훌륭한 스파르타인이 되는 법 5 : 어려움에 처하면 재미있는 농담을 생각한다.

스파르타 병사들은 페르시아 궁수들이 하도 많아서 화살이 하늘의 해를 가릴 것이라는 소문을 들었다. 그러자 스파르타의 장군 디오네케스(Dioneces)는 대수롭지 않다는 듯 이렇게 한마디 했다. "그거 잘 됐네. 덕분에 그늘에서 싸울 수 있게 됐으니."

훌륭한 스파르타인이 되는 법 6 : 얼음장보다도 냉정하라.

　스파르타 군은 일 주일이나 버텼다. 그런데 배신자가 페르시아 군에게 스파르타 군을 뒤에서 칠 수 있는 비밀 통로를 알려 주는 바람에 300명의 스파르타 병사들은 모두 목숨을 잃었다. 일부 스파르타 병사들은 죽기 직전에 칼까지 잃은 상태였다. 그래도 그들은 맨주먹을 휘두르고 이빨로 물어뜯으면서 끝까지 저항을 계속했다고 한다.

　여러분도 위험에 처했을 때, 스파르타 병사들처럼 냉정할 수 있을까?

★ 요건 몰랐을걸!

훌륭한 스파르타 인임을 증명하는 한 가지 방법은 아르테미스 신전에서 매를 맞는 것이었다. 가장 매를 많이 맞고도 견디는 사람이 가장 강한 사람으로 인정받았다. 그래서 다들 거의 반쯤 죽을 정도로 피를 철철 흘리면서도 끝까지 매를 맞았다는데, 가끔은 매를 맞다가 진짜로 죽는 사람도 있었다. 죽더라도 자기가 강하다는 걸 자랑하고 싶었던 것이다.

스파르타 귀신 이야기

　파우사니아스(Pausanias)라는 스파르타 장군이 있었다. 그는 기원전 479년에 페르시아를 물리치는 데 큰 공을 세운 장군이었다. 그런데 그가 너무 유명해지니까, 다른 사람들이 경계심을 품고는 그를 스파르타로 소환해 벌을 받게 하려 했다.

본국으로 소환되는 것에 불만을 품은 파우사니아스는 페르시아 왕 크세르크세스에게 스파르타를 배신하겠다는 내용의 편지를 썼다. 그리고 밀사를 통해 크세르크세스에게 그 편지를 보냈다. 그런데 이 밀사는 그 전에 갔던 밀사들이 돌아오지 않는 것을 이상하게 여겼다. 그래서 파우사니아스가 쓴 편지를 몰래 읽어 봤다. 크세르크세스한테 가는 편지 끝에는 이런 말이 적혀 있었다.

당연히 밀사는 그 편지를 가지고 페르시아의 크세르크세스한테 가지 않고, 스파르타로 가 버렸다. 스파르타에서는 파우사니아스를 죽이려고 군대를 보냈다. 파우사니아스는 아테나 신전에 숨었다. 당시에 신전은 아무나 함부로 들어가지 못하는 신성한 곳이었다.

"내 몸에 손 하나 못 댈걸. 난 신성한 곳에 있단 말이다."

파우사니아스의 말에 그를 죽이러 온 군대의 대장은 이렇게 말했다.

"네 말이 맞다. 우린 네 몸에 손 하나 안 댈 것이다."

그 말대로 그들은 파우사니아스의 몸에 손가락 하나 대지 않았다. 그 대신에 벽돌을 쌓아 신전 출입구를 막고, 그를 굶겨 죽여 버렸다. 그게 파우사니아스의 최후였다. 그런데 문제는 그가 죽은 후에 귀신이 된 것이었다. 귀신이 된 그가 아테나 신전 여기저기를 돌아다니는 바람에 사람들이 신전에 찾아오지 않게 되었다. 사람들의 발길이 끊기자, 돈을 벌 수 없게 된 무당이 고민 끝에 마법사를 불러 파우사니아스의 귀신을 쫓아 버렸다. 그러니까 옛날 그리스에도 '퇴마사'가 있었던 것이다.

별난 아테네 사람들

공포의 드라콘

아테네인은 스파르타인과 굉장히 달랐다. 잔인하기로는 스파르타가 최고인 줄 알고 있겠지만, 아테네의 입법자 드라콘(Dracon)이 제정한 법도 그에 못지않았다. 드라콘의 법은 아테네 최초의 성문 법전이었는데, 그 내용이 아주 가혹해서 대부분의 범죄자가 사형을 면치 못했다.

- 돈을 빌려 간 사람이 돈을 갚지 않으면, 그 사람을 노예로 삼을 수 있다.
- 사과나 채소를 훔친 사람은 사형에 처한다.
- 게으름뱅이도 사형에 처한다.

드라콘 왈,

700년 뒤, 그리스의 작가 플루타르코스(Plutarchos)는 드라콘에 대해 이렇게 말했다.

> 드라콘의 법전은 잉크가 아니라, 피로 쓰여졌다.

그런데 대부분의 그리스인은 법이 없는 것보다는 드라콘의 법이라도 있는 것이 낫다고 생각했다 (물론 드라콘의 법 때문에 처형된 사람들의 생각은 달랐겠지만).

마음 좋은 페이시스트라토스

아테네의 또 다른 지도자 페이시스트라토스(Peisistratos)는 드라콘만큼 공포스럽지는 않았다. 그 역시 참주(僭主: 그리스 역사에서는 힘으로 권력을 차지한 사람을 말함)이긴 마찬가지였지만. 그래도 그는 아테네 시민들이 자신을 지지하는 동안만 권력을 행사했다.

페이시스트라토스는 소득의 10%에 이르는 무거운 세금을 부과했는데, 그래도 마음의 여유는 있는 사람이었던 모양이다. 이런 이야기가 전하니까 말이다.

하루는 페이시스트라토스가 어느 농부를 만났는데, 농부는 그를 알아보지 못했다.

이 말에 페이시스트라토스는 껄껄 웃으며 이 늙은 농부에게서는 더 이상 세금을 걷지 말라고 명령했다.

페이시스트라토스의 계략

그런데 페이시스트라토스의 인기가 차츰 시들해지면서 아테네 시민들은 그에게 등을 돌리기 시작했다. 그러던 어느 날, 마차를 몰고 나갔던 페이시스트라토스가 처참한 몰골로 돌아왔다. 그는 물론이고 마차를 끌던 노새들도 상처를 입고 피투성이였다. "암살자의 공격에서 간신히 빠져 나왔다"고 그는 주장했다.

아테네 시민들은 지도자를 잃을까 봐 걱정하기 시작했다. 인기는 없지만, 그래도 하나뿐인 지도자였으니까. 그래서 시민들은 아테네에서 제일 힘세고 용감한 남자들을 모아 페이시스트라토스의 호위대를 만들었다. 그랬더니 그는 이 호위대를 이용해서 아테네를 완전히 자기 손아귀에 넣어 버렸다.

암살자의 공격 덕분에 페이시스트라토스는 권력을 계속 손에 쥘 수 있었다. 사실, 이 습격은 그가 꾸민 연극이었다. 꾀 많은 페이시스트라토스는 자기 몸에 직접 상처를 내서 암살자의 습격을 받은 척했던 것이다.

누가 황소를 죽였나?

스파르타 사람들이 잔인했다면, 아테네 사람들은 괴짜였다. 아테네의 이상한 관습 중에 황소를 제물로 바치는 것이 있었다. 황소를 제물로 바치는 것 자체는 별로 이상할 게 없었다. 문제는 제물을 바친 다음에 아테네 사람들이 하는 행동이었다. "누가 황소를 죽였나?"를 놓고 재판을 벌였던 것이다.

소크라테스의 최후

아테네 사람들이 괴짜라는 것은 칼을 사형에 처할 때뿐만이 아니었다. 그들은 사람을 죽일 때에도 괴상한 방법을 썼다.

스파르타와의 전쟁에서 참패한 뒤에 아테네에서는 누군가 그 죄를 뒤집어씌울 사람이 필요했다. 그 때, 걸려든 사람이 유명한 철학자인 소크라테스(Socrates)였다. 뛰어난 스승이었던 소크라테스의 주위에는 늘 젊은이들이 모여들었는데, 그는 젊은이들에게 신을 믿지 말라고 가르쳤다(선생님이 산타클로스 할아버지는 없다고 말하는 것과 마찬가지). 당시 아테네에서는 이런 말을 하는 것은 사형에 처해질 만큼 중대한 범죄였다.

아테네인은 소크라테스를 직접 죽이지 않고, 대신에 스스로 독약을 마시도록 했다. 이 사건에 대해 그의 제자였던 플라톤(Platon)은 이렇게 기록하고 있다.

> 한 남자가 독배를 들고 나타났다.
> 스승님은 그를 보시더니 이렇게 말씀하셨다.
> "어서 오게. 자네는 어떻게 하는지 잘 알고 있겠지.
> 그래, 내가 어떻게 해야 되지?"
> "이걸 다 마신 후 다리의 힘이 빠질 때까지 걸어다니시오.
> 그런 다음 자리에 누우면 모든 것이 금세 끝날 거요."
> 남자가 잔을 스승님에게 건네 주었다.
> 스승님은 태연하게 잔을 받아 드셨다.
> 얼굴색 하나 변하지 않았고, 조금의 떨림도 없이.
> 그리고는 독배를 건네 준 남자를 바라보며 말씀하셨다.
> "건배를 해도 되겠나?"
> "마음대로 하시오." 남자가 대답했다.
> "그렇다면 신들에게 건배해야겠군. 우리가 저승에 가서도
> 이승에서처럼 행복할 수 있도록 말이야."

그런 다음, 스승님은 단숨에 독약을 마셨다.
주위에 있던 우리는 눈물을 꾹 참고 있었다.
그러나 스승님께서 독배를 마시는 모습을 보자,
참았던 눈물이 마구 쏟아지기 시작했다. 나는 손으로 얼굴을
가리고 펑펑 울었다. 내가 운 것은 스승님 때문이 아니라,
바로 나 자신 때문이었다. 그토록 훌륭한 스승이자 벗을
잃게 되었으니, 어찌 슬프지 않을 수 있겠는가!
스승님은 우리를 둘러보시더니 굳은 얼굴로 말씀하셨다.
"인간이란 모름지기 조용한 가운데 죽음을 맞이해야 한다고
들었다. 그러니 너희들도 진정하고 조용히 해 주길 바란다."
그 말에 우리는 모두 울음을 그쳤다.
말씀을 마친 스승님은 자리에 누우셨다.
독배를 들고 왔던 남자가 스승님의 발을 꼬집었지만,
스승님은 아무런 느낌도 없다고 말씀하셨다. 남자는 독약이
심장에 이르면, 스승님이 돌아가실 것이라고 말했다.
허리까지 마비 증세가 오자, 스승님께서는
젊은 크리톤을 불러 이렇게 말씀하셨다.
"크리톤, 우리는 아클레피오스에게 제물을 빚진 게 있네.
잊지 말고 꼭 갚아 주도록 하게."(아클레피오스는 의학의 신)
"알겠습니다. 그것말고 더 하실 말씀은 없으십니까?"
그러나 스승님께서는 더 이상 아무 말씀도 하지 않으셨다.
스승님은 그렇게 가셨다. 그분은 세상에서 가장
현명하고 정직하며 훌륭한 분이셨다.

역사상 이렇게 품위 있게 최후를 맞이한 사람이 또 있을까? 이런 광경을 직접 보고 싶은 사람들도 있겠지만, 불행히도 그런 일은 불가능할 듯싶다. 소크라테스가 마셨던 독약은 아무 데서나 팔지 않기 때문이다.

이상한 민주주의

오늘날 대부분의 국가는 민주주의를 채택하고 있다. 그래서 일정한 나이에 이른 성인은 법률을 새로 만들 때나 대통령을 뽑을 때, 투표권을 행사할 수 있다.

민주주의 제도는 바로 아테네에서 처음 생겼다. 그런데 처음부터 지금과 같은 형태를 갖추고 있었던 건 아니다. 뭐가 달랐을까?

막강 페르시아의 침입

막강한 군대를 보유하고 있던 페르시아의 다리우스(Darius) 대왕은 슬슬 그리스가 탐나기 시작했다. 그래도 자기가 직접 전쟁에 나가기는 싫었다. 그의 눈에는 그리스가 만만해 보였기 때문이다. 왜냐 하면……

● 스파르타군은 종교 축제 때문에 바빠서 전쟁에 끼여들 틈이 없다. 그러니 싸울 상대는 아테네뿐.

● 이제껏 그리스군은 페르시아 군이 나타나기만 해도 벌벌 떨었다.

그 당시 그리스 병사들은 치마를 입었지만, 페르시아 병사들은 바지를 입고 싸웠다. 그러나 마라톤이라는 곳에서 벌어진 전쟁은 그리스의 승리로 끝났다. 그 후 10년 동안 페르시아는 그리스 근처에 얼씬도 하지 않았다. 그런데 크세르크세스가 페르시아의 왕이 되면서 군대를 아주 강하게 만들었다.

크세르크세스는 헬레스폰토스 해협(지금의 다르다넬스 해협)을 건너서 그리스를 침공하기로 했는데, 이 곳은 폭이 거의 1200미터나 되는 넓은 해협이었다. 크세르크세스는 바다를 건너기 위해 다리를 만들기 시작했다.

그런데 그만 폭풍이 몰아쳐 애써 만든 다리가 몽땅 무너져 버렸다. 그걸 본 크세르크세스는 기분이 어땠을까? 당연히 무척 화가 났겠지.

화가 난 크세르크세스는 어떻게 했을까?

a) 다리 건설 책임자를 채찍으로 300대 때리도록 명령했다.

b) 헬레스폰토스 해협을 300대 때리도록 명령했다.

c) 페르시아 군에게 강을 헤엄쳐 건너라고 명령했다.

답 : b) 크세르크세스는 다리를 다시 만드는 것이 해를 때까지 미뤄두고 잠시, 머리를 풀어헤치고 엉엉 울었다. 저리고 헬레스폰토스 바다로 사람을 보내 깊이 차이를 삼백 대씩 때리도록 명령했다.

페르시아 인은 머리가 약점?

그런데 그리스인도 위대한 역사학자 헤로도토스만큼만 페르시아에 대해 알았더라면, 페르시아군을 그렇게 무서워하지는 않았을 것이다. 헤로도토스는 그 전에 페르시아가 일으킨 전쟁에 대해 이런 기록을 남겼다. 그러니까 기원전 525년 무렵 펠루시움에서 벌어진 이집트와의 전쟁에서 있었던 일이다.

전쟁이 벌어졌던 장소에 갔더니, 그 지방 사람들이 참으로 기이한 광경을 보여 주었다. 죽은 자들의 유골이 양편으로 갈라져 쌓여 있었는데, 한쪽에는 페르시아 사람들의 유골이 쌓여 있었고, 또 다른 쪽에는 이집트 사람들의 유골이 쌓여 있었다. 그런데 페르시아 사람들의 두개골은 작은 돌멩이로 내리쳐도 구멍이 뻥 뚫릴 정도로 약했다. 그러나 이집트 사람들의 두개골은 커다란 바위로 내리쳐도 금이 가지 않을 만큼 튼튼했다.

나무로 승부하라?

스파르타를 물리친 크세르크세스는 남쪽에 있는 아테네로 향했다. 당시 아테네 군은 아테네 해안에서 얼마 떨어지지 않은 살라미스섬까지 후퇴한 상태였다. 그 곳으로 물러난 아테네군은 크세르크세스의 군대가 아테네 시를 완전히 불태워 버리는 것을 속절없이 지켜보았다.

상황이 이렇게 되자, 당시 아테네 지도자였던 테미스토클레스(Themistocles)는 신탁을 받으러 델포이의 신전으로 갔다. 신전에서 그는 "나무로 승부하라"는 신탁을 받았다. 그 말을 들은 테미스토클레스는 어떻게 했을까?

a) 해군을 조직하고 목선을 제작했다.
b) 페르시아 군이 쳐들어오지 못하도록 살라미스섬 주위에 나무벽을 세웠다.

c) 아테네 주위에 나무벽을 세워 페르시아 군을 저지했다.

> 답 : a) 테미스토클레스 해군을 조직하기로 결정했고, 그의 생각은 정확히 들어맞았다. 아테네의 군함 310척이 살라미스로 갔으며 800척이 넘는 페르시아 군과 해전을 벌였다. 아테네의 생각대로 살라미스 해협의 좁은 수로에서 페르시아 군은 패배했다. 아테네는 페르시아 군을 물리치고 전쟁에서 승리했다.

살라미스의 유령선

그런데 헤로도토스의 역사책에는 살라미스 해전에서 전해지는 으스스한 이야기가 실려 있다.

아테네인 사이에는 코린트의 선장 아데이만토스에 대한 이야기가 전해지고 있다. 전쟁이 벌어지자, 아데이만토스는 겁이 났다. 그래서 돛을 올리고 전쟁터에서 달아났다. 이 모습을 본 코린트의 다른 배들도 그 뒤를 쫓아 달아나기 시작했다. 그런데 이들이 스키라스에 있는 아테나 여신의 신전에 이르렀을 무렵, 낯선 배 한 척이 나타났다. 신이 보낸 배였다. 낯선 배에서는 이런 말이 들렸다. "아데이만토스, 너는 그리스 친구들을 배반할 셈이냐? 어서 가서 그들을 도와 주어라. 상황은 그들에게 유리하게 돌아가고 있다." 이 말을 들은 코린트인은 거짓말하지 말라고 대답했다. 그러자 낯선 배에서 다시 "그렇다면 이 배도 함께 가져가라. 만약 내 말이 거짓이라면 이 배를 부숴 버려라. 어서 돌아가라. 돌아가라"는 말이 들려 왔다. 그제야 아데이만토스 일행은 전쟁터로 돌아가서 그리스를 도와 전쟁을 승리로 이끌었다. 그러나 그 낯선 배가 어디서 나타났는지는 아무도 모른다고 한다……

이야기 속의 낯선 배는 유령선이었는지도 모른다. 일설에는 코린트 인이 꾀 많은 아테네의 작전에 따라 그저 달아나는 척했을 뿐이라고도 한다. 도망치는 척하면서 페르시아군을 함정에 빠뜨려 놓고, 다시 나타나 페르시아군의 뒤통수를 쳤다는 것이다. 그렇다면 신이 보냈다는 배 같은 건 애초부터 없었던 셈!

둘 중 어떤 이야기가 맞을까? 그런데 한 가지 분명한 사실은, 이 전쟁에서 무수히 많은 사람들이 죽었다는 것. 한 전사자의 무덤에는 이런 묘비가 남아 있다.

> 그는 자신의 배와 함께 바닷속으로 가라앉아 버렸다.
> 그의 유골은 아무도 모르는 곳에서 썩어 가고 있다.

또, 이런 것도 있다.

> 선원들이여, 여기 누가 묻혔는지 묻지 마라.
> 행운과 잔잔한 바다가 그대와 함께 하기를.

펠로폰네소스 전쟁

살라미스 해전에서 패한 크세르크세스는 페르시아로 돌아갔다. 그런데 그의 사위인 마르도니오스는 그리스와 좀더 싸워 보고 싶다고 해서 그냥 전쟁터에 남겨 놓고 왔다. 그러나 마르도니오스는 결국 그리스군에게 죽음을 당했고, 그의 군대도 그리스에서 물러났다.

페르시아를 물리친 아테네인은 당연히 신이 났다. 전쟁이 끝난 뒤, 그리스의 모든 도시 국가들은 페르시아가 다시 쳐들어올 경우를 대비해서 힘을 합치자고 결의했다. 그런데 문제는 아테네가 모든 국가들의 대표가 되겠다고 나선 것이었다.

이에 대해 스파르타가 가만히 있을 리가 없었다. 그들은 당연히 아테네의 주장을 거부했다. 결국 얼마 지나지 않아 아테네와 스파르타는 누가 대표가 되느냐를 놓고 전쟁을 벌였다. 이렇게 해서 펠로폰네소스 전쟁이 시작되었다.

왕따 장군의 비극

아테네에는 알키비아데스(Alcibiades)라는 뛰어난 장군이 있었는데, 잘난 척을 많이 하는 사람이었다. 그래서 옷도 최고로 멋진 것만 입고, 항상 남의 눈을 의식하면서 근사하게 보이려고 애썼다. 심지어 사람들의 주목을 받기 위해 자기가 아끼던 개의 꼬리를 잘라 버리기도 했다.

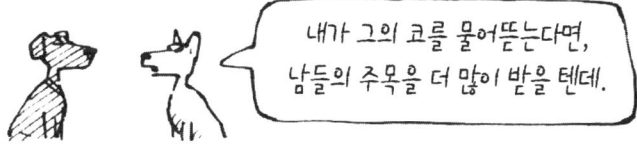

아테네인의 절반은(특히 여자들은) 알키비아데스를 굉장히 좋아했다. 그러나 권력을 가진 남자들은 그를 아주 싫어했다. 그래서 그들은 알키비아데스를 전쟁터로 내보내면서 그를 죽일 계략을 꾸몄다.

기원전 415년부터 기원전 413년까지 알키비아데스는 아테네군을 이끌고 스파르타의 동맹국 시라쿠사를 공격했다. 그런데 별안간 아테네 본국에서 소환장이 날아왔다. 신성 모독이라는 죄목이었다. 소환장에는 알키비아데스가 신상들의 코와 '중요한 부분'을 부숴 버렸다고 적혀 있었다(신상들은 옷을 입고 있지 않았다).

영리한 알키비아데스는 아테네로 돌아가면 목숨이 위태롭다는 것을 알아챘다. 그래서 그는 스파르타로 달아났다. 스파르타에서 알키비아데스는 아테네군의 비밀을 털어놓았다. 스파르타는 시라쿠사를 도우려고 군대를 보냈다.

그러나 알키비아데스는 결국 불행한 최후를 맞고 말았다. 그가 다시 아테네로 돌아갈까 봐 염려한 스파르타가 그를 살해해 버렸기 때문.

한 무리의 암살자들이 알키비아데스의 집에 침입했다. 수적으로는 암살자들이 훨씬 우세했지만, 그들은 알키비아데스와 정면으로 맞설 용기가 없었다. 그래서 우선 그의 집에 불을 질렀다. 알키비아데스가 칼을 들고 밖으로 뛰쳐나오자, 멀찍이 떨어져 있던 암살자들은 그에게 일제히 활을 쐈다. 알키비아데스는 그렇게 죽었다.

기발한 무기들

펠로폰네소스 전쟁은 그리스인끼리의 싸움이었다. 나를 알고 적을 알면 백전 백승이라지만, 스파르타와 아테네는 서로를 너무나도 잘 알고 있었다. 그래서 아무리 싸워도 전쟁은 늘 무승부로 끝났다. 이럴 때 가장 큰 효과를 발휘하는 것이 바로 깜짝 놀랄 만한 비밀 무기이다!

신무기를 만든 주인공은 그리스의 또 다른 도시 국가인 보에티아였다. 그것은 어떤 신무기였을까?

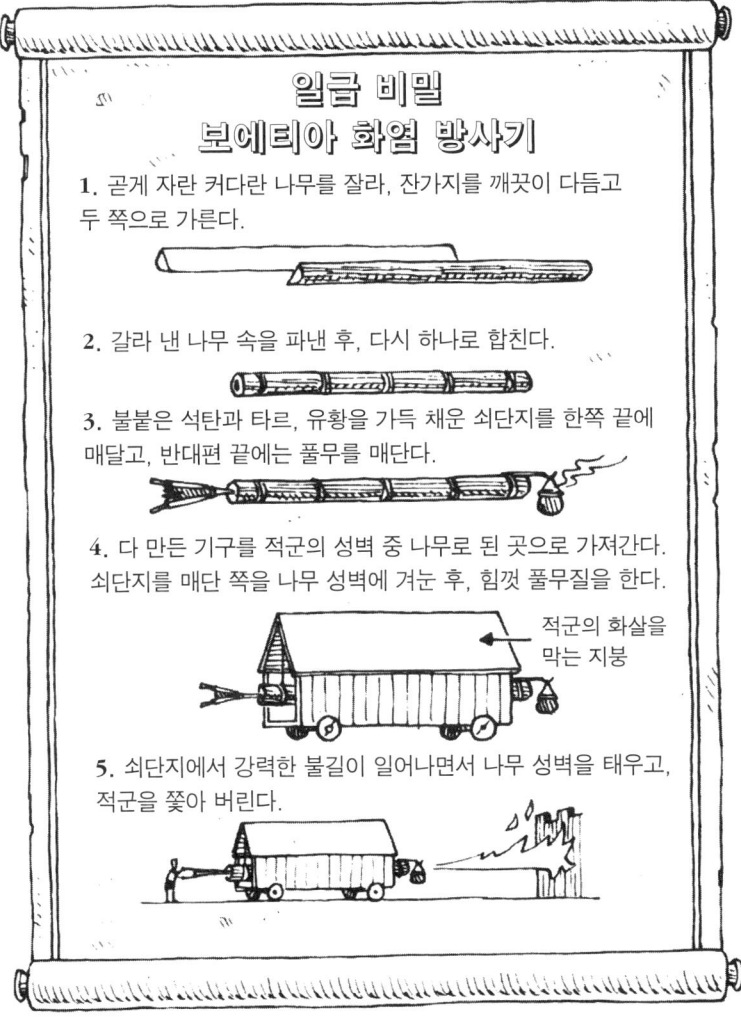

작전 성공! 이 신무기 덕분에 보에티아 군은 델리움을 점령했다. 이것은 세계 최초의 화염 방사기였다!

알렉산드로스 대왕

페르시아의 위협이 사라질 즈음, 그리스 북부에 마케도니아라는 작은 왕국이 생겼다. 일부 역사가들은 마케도니아가 그리스에 속하지 않는다고 주장하기도 한다.

마케도니아의 초대 왕은 필리포스(Philippos)였다. 그는 아테네를 패배시킨 다음, 함께 과거의 적인 페르시아를 공격하자고 했다.

그런데 필리포스의 계획에 작은 문제가 하나 생겼다. 그것은 바로 자신이 사망해 버린 것! 그럼, 아주 큰 문제 아니냐고? 그건 그렇지만, 작은 문제라고 한 데에는 그럴 만한 이유가 있다. 그의 뒤를 이을 훌륭하고 멋진 아들이 있었기 때문. 그가 바로 알렉산드로스(Alexandros) 대왕이다.

알렉산드로스의 생애는 대충 다음과 같았다.

잠깐 퀴즈!

고르디움에 도착한 알렉산드로스는 고르디우스 왕의 마차 끌채에 묶여 있는 매듭은 아무도 풀 수 없다는 말을 들었다. 그리고 이 매듭을 푸는 사람이 아시아를 지배한다는 전설이 전해 내려오고 있었다. 알렉산드로스는 과연 어떻게 그 매듭을 풀었을까?

답 : 칼을 꺼내 그 자리에서 매듭을 홱 베어 버렸다.

신탁과 미신

그리스인은 미신에 푹 빠져 있었다. 별자리 운세도 열심히 믿었고, 유령이나 신들이 인간의 운명을 좌우한다고 믿었다. 그래서 신탁을 들으면 미래를 알 수 있다고 생각했다. 물론 제대로 알아들을 수 있을 때 얘기지만.

무시무시한 신탁

그리스인은 미래에 어떤 일이 일어날 것인가에 대해 무척 관심이 많았다. 그들은 수정 구슬이나 손금을 보는 대신, 신탁을 통해 앞날을 예견했다. 신전에 가서 제물을 바치고 신에게 앞으로 어떤 일이 일어날지 물어 보는 것이었다.

물론 신이 인간에게 직접 말을 하지는 않았다. 신탁을 받는 방법은 몇 가지가 있었다. 우선 델포이의 경우, 아폴론 신은 자신의 신전에 있는 여사제를 통해 신탁을 전했다. 여사제는 요즘으로 치자면 무당쯤 된다고나 할까. 어쨌든 여사제가 반쯤 혼수 상태에서 이상한 말로 중얼거리면, 남자 사제들이 이 말을 받아서 신탁을 청한 사람에게 전해 주었다.

어쨌든 델포이의 사제들은 대체로 유익한 신탁을 들려 주었다. 그래서 수많은 사람들이 델포이로 몰려들었고, 그 소문이 퍼지면서 그리스 내에서는 델포이의 사제들이 최고라는 평판을 얻게 되었다.

현명한 크로이소스

그리스에는 신탁을 들을 수 있는 신전이 일곱 군데 있었는데, 크로이소스(Croesos) 왕은 그 중 어떤 신전이 가장 정확한 신탁을 들려 주는지 확인해 보기로 했다.

그래서 일곱 군데의 신전에 각각 한 명씩 심부름꾼을 보냈다. 이들은 동시에 똑같은 질문을 하라는 명령을 받았는데, 그것은 "크로이소스 왕이 지금 이 순간 무엇을 하고 있을까?"라는 것이었다.

명령을 수행한 심부름꾼들은 사제들의 대답을 적어 크로이소스에게 바쳤다. 그런데 그 중에서 델포이의 사제가 바친 대답이 가장 특이했다.

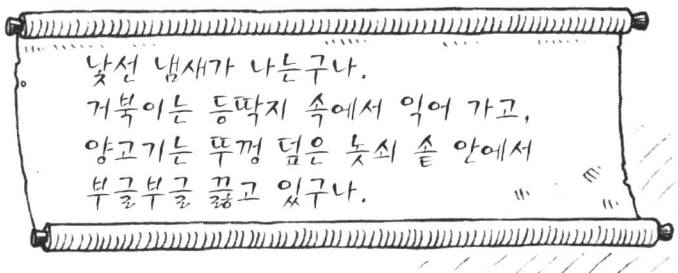

낯선 냄새가 나는구나.
거북이는 등딱지 속에서 익어 가고,
양고기는 뚜껑 덮은 놋쇠 솥 안에서
부글부글 끓고 있구나.

델포이의 신탁을 들은 크로이소스는 놀라지 않을 수 없었다. 사제들에게 질문을 하기 전에 그는 심혈을 기울여 가장 터무니없는 행동을 생각해 냈다. 거북이와 양을 잡아서 뚜껑 달린 놋쇠 솥에 넣고 요리를 만든 것이다. 크로이소스는 자기의 행동을 정확히 알아맞힌 델포이의 신탁이 가장 믿을 만하다고 판단했다. 현명한 판단이었다. 그러나…….

신탁을 잘못 해석한 크로이소스

사제들의 신탁이 항상 정확하다고만은 할 수 없었다. 왜냐하면, 그들은 여러 가지로 해석할 수 있도록 교묘한 대답을 했기 때문이다. 페르시아와의 전쟁에 나가기 전에 리디아의 왕 크로이소스는 신탁을 청했다.

"내가 페르시아를 공격해도 괜찮겠는가?"

그의 질문에 사제들은 이런 신탁을 들려 주었다.

"전쟁에서 거대한 제국이 멸망하리라."

크로이소스는 기쁜 마음으로 전쟁터로 달려갔는데, 그만 패배하고 말았다. 그리고 리디아는 멸망했다. 그는 신탁이 말하는 거대한 제국이 페르시아를 뜻한다고 생각했던 것이다.

그리스에는 신탁에 얽힌 이야기가 많이 전해지고 있다. 그 중 많은 것은 신탁에 도전하는 것이었다.

신탁에 도전한 바키아드 가문

 바키아드 가문이 코린트를 지배할 때의 일이다. 이들은 부와 권력을 모두 쥐고 있었지만, 걱정거리가 하나 있었다. 아버지 바키아드가 무시무시한 신탁을 받아 왔기 때문이다.
 "신탁에서 말하기를, 라브다가 바위를 낳을 것이니, 이 바위가 지배자들을 쓰러뜨리고, 코린트를 바로 세울 것이라고 하더군."
 "코린트를 바로 세운다구요?" 그의 부인은 코방귀를 뀌었다. "그럼, 지금 코린트가 옆으로 누워 있단 말이에요? 말도 안 돼요. 우리가 지배하는 한, 코린트는 잘못될 리 없어요."
 "문제는 그게 아니에요." 아들 바키아드까지 끼여들어 한마디 했다. "신탁에서 나무를 돌이라고 하면 그건 돌인 거예요."
 "허! 너도 다 자랐다고 말참견을 하는구나. 잘 들어라. 라브다가 우리를 없앨 아이를 낳는다고 신탁에서 말했다면, 우리가 그 아이를 죽여 버리면 문제는 끝나지 않겠니?"
 "그건 살인이오. 그런 짓을 해서는 안 되오." 아버지 바키아드가 얼굴을 찌푸리며 아내의 말에 반발했다.
 "아이가 사고를 당하는 경우라면 괜찮겠죠." 바키아드 부인이 악마 같은 웃음을 지으며 말했다.

"그런 일은 없을 거예요." 아들 바키아드가 한숨을 내쉬며 말했다.

"우리가 사고를 만들면 되잖아. 아기가 태어나는 즉시 우리가 그 집에 찾아가는 거야. 아기의 탄생을 축하하러 말이야."

"그건 참 좋은 일이지." 부인의 말에 아버지 바키아드가 한마디 거들었다.

"끝까지 들어 봐요." 바키아드 부인은 천천히 고개를 내저으며 계속 말했다. "누구든 아기를 안는 사람이 아기를 바닥에 떨어뜨리는 거예요."

"아기를 떨어뜨린다고요?" 아들 바키아드가 깜짝 놀라 말했다.

"돌 바닥으로 말이야. 머리부터 떨어지면, 아기는 그 자리에서 죽을 거야." 바키아드 부인은 음흉한 미소를 지었다. "그러면 모든 문제가 해결되는 거지."

그러나 이들의 계획은 쉽게 이루어지지 않았다. 왜냐 하면, 신탁의 뜻이 그렇지 않았으니까. 아기가 태어나자 바키아드 가족은 아기를 보러 갔다. 그런데 바키아드 부인이 다른 식구들보다 10분 정도 늦게 출발한 게 화근이었다. 아기가 태어난 집으로 간 바키아드 부인은 화가 나서 얼굴이 시뻘개졌다.

"아기를 떨어뜨리기만 하면 되잖아요. 그게 뭐 어려워서 못했다는 거예요? 그렇게 하기로 했잖아요! 그런데 왜 아기를 떨어뜨리지 못했죠?"

부인이 화를 내며 대들자, 아버지 바키아드는 어색한 미소를 지으며 이렇게 말했다.

"아기가 날 보고 방긋 웃지 뭐요. 그 얼굴을 보니 도저히 떨어뜨릴 수가 없었소. 내겐 그럴 용기가 없었단 말이오."

"용기라고요? 당신한테 없는 건 용기가 아니라 머리겠죠."

화나 나서 씩씩거리던 바키아드 부인은 아들에게 이렇게 말했다.

"오늘 밤 방망이를 가지고 아기 방에 몰래 숨어 들어가거라. 그리고는 아무도 모르게 아기를 없애 버리는 거야. 알겠지?"

아들은 고개를 끄덕이며 대답했다. "절대로 어머니를 실망시키지 않겠습니다."

한편, 라브다는 바키아드 부인이 아기를 안았을 때, 이미 그 의도를 눈치챘다. 그래서 밤이 되자, 라브다는 아기를 나무 상자 속에 숨겼다. 다음 날, 아기는 무사히 잠에서 깨어나 방실방실 웃었다.

라브다는 아기에게 '나무 상자'란 뜻의 킵셀로스(Cypselos)라는 이름을 지어 주었다. 그는 자라서 사람들에게 사랑받는 지도자가 되었다. 반면에, 바키아드 가문은 점점 인기를 잃어 갔다. 훗날 킵셀로스는 코린트의 왕이 되어 강력하면서도 어진 정치를 펼쳤다. 그러나 바키아드 집안 사람들에 대해서만큼은 자비를 베풀지 않았다.

신탁은 킵셀로스가 바위이며, 바키아드 가문을 쓰러뜨릴

것이라고 예언했다. 정말로 킵셀로스는 바위처럼 바키아드 가문을 쓰러뜨렸다. 신탁이 예언했던 그대로.

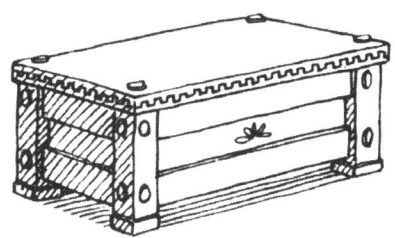

신전의 비밀

델포이에 있는 피티아 신전에서는 특별한 나뭇잎을 태워 그 연기를 들이마시는 것으로 미래를 예측했다. 나뭇잎 연기가 정신을 몽롱하게 만드는 역할을 했다.

그런데 코린트의 신전에서는 약간의 속임수를 썼다. 그 곳에서는 누구든 신에게 직접 말을 할 수 있었다. 제단 앞에 서서 말을 하면 발 밑에서 신의 음성이 들려 오는 것이다.

정말로 기적이 일어났던 것일까? 방문객들은 모두 그렇게 믿었다. 그러나 현대의 고고학자들은 그 비밀을 밝혀 냈다. 제단 밑에는 비밀 통로가 있었다. 사제는 비밀 통로를 통해 방문객의 발 밑으로 내려갔다. 그 곳에 숨어 방문객의 질문을 들은 후, 몰래 설치한 관을 통해 대답을 들려 주었던 것이다.

그리스인이 믿던 미신

고대 그리스에는 뛰어난 철학자들도 많았지만, 그에 못지 않게 괴상한 미신을 믿는 사람들도 많았다.

요즘도 사다리 밑을 지나가면 재수가 없다거나, 다리를 떨면 복이 달아난다고 믿는 사람들이 많은데, 고대 그리스 사람들도 미신을 많이 믿었다. 예를 들면, 다음과 같은 미신들이 있었다.

1. 새는 이승과 저승을 이어 주는 전달자이다. 그리고 달은 죽은 영혼이 저승으로 가기 전에 잠시 쉬어 가는 쉼터이다.
2. 그리스인이 믿는 신 중에는 마법과 갈림길을 담당하는 헤카테(Hecate)라는 여신이 있었다. 이 여신은 날씨 맑은 밤이면 유령과 지옥의 개를 거느리고 갈림길에 나타나는데, 그리스 사람들은 이 여신을 달래기 위해 갈림길에 음식을 차려 놓곤 했다(이 여신은 정신병자를 치료하는 힘을 가졌다. 고대 그리스인은 죽은 자의 영혼이 정신병을 일으킨다고 믿었으니까).
3. 그리스 사람들은 죽은 새의 내장을 보면 미래를 읽을 수 있다고 믿었다.

4. 그리스 사람들은 다이몬(daimon)이라는 영혼이 인간 세상을 떠돈다고 믿었다. 다이몬 중에는 인간을 지켜 주는 선한 것도 있지만, 인간을 악의 구렁텅이로 몰아넣는 사악한 것도 있다고 믿었다. 소크라테스처럼 지혜로운 사람도 다이몬이 존재한다고 생각했다. 그의 주위에 떠돌던 다이몬은 소크라테스에게 위험이 닥치리라고 경고했지만, 그는 이 소리에 귀를 기울이지 않았다.

5. 그리스 사람들은 죽은 자의 시체를 피토스(pithos)라고 부르는 항아리에 보관했다. 그런데 가끔은 죽은 자의 영혼이 피토스를 빠져 나가 사람들에게 질병을 일으킨다고 믿었다. 이렇게 병을 일으키는 사악한 영혼을 케레스(keres)라고 불렀다. 케레스가 집으로 침입하는 것을 막으려면, 문 테두리에 타르를 발라야 했다. 이렇게 하면 집으로 침입하려던 케레스가 타르에 붙어 꼼짝 못 하게 된다고 믿었다.

6. 그리스 사람들은 꿈에 거울에 비친 자신의 모습을 보면 죽음이 머지않았다고 믿었다. 그러나 걱정할 필요는 없다. 머지않아 다시 태어날 테니까 말이다. 그리스 사람들은 인간이 다음의 세 부분으로 이루어졌다고 믿었다.

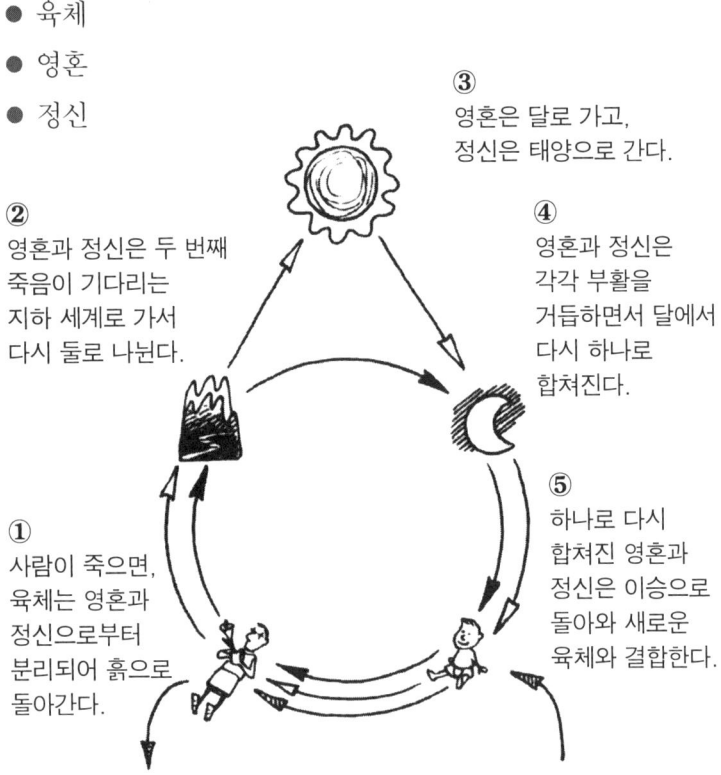

7. 그리스 사람들은 왼쪽은 나쁘고, 오른쪽은 좋다고 믿었다. 이런 믿음은 아직도 남아 있어서, 사람들은 아이가 왼손을 많이 쓸 경우, 오른손잡이로 만들려고 애를 쓴다.

피타고라스의 괴상한 종교

유명한 스승이었던 피타고라스(Pythagoras)는 스스로 종교를 만들어 냈다. 피타고라스의 추종자들은 사람이 죽은 뒤에도 영혼은 죽지 않고, 다른 생명체의 몸 속으로 들어간다고 믿었다. 어느 날, 피타고라스는 개를 마구 때리는 남자를 말리면서 이렇게 말했다.

만약 사냥꾼이나 푸줏간 주인이 피타고라스의 종교를 믿었다면 어떻게 했을까? 당장 사냥이나 고기 잡는 일을 그만두었을 것이다. 자신이 잡은 사슴이나 소가 자신의 어머니일지도 모르니까.

피타고라스의 종교에서는 현세에서 올바르게 살면, 내세에 훌륭한 사람으로 다시 태어난다고 믿었다. 반대로, 현세에서 나쁜 짓을 많이 한 사람은 내세에 돼지나 개, 나무 같은 생물로 태어난다고 믿었다. 그리고 진짜 나쁜 짓을 많이 한 사람은 내세에 여자(!)로 태어난다고 믿었다.

피타고라스의 추종자들은 자기들끼리 따로 모여서 이상한 규칙을 따르면서 살았다. 다음 사항들 중에서 피타고라스의 추종자들이 따른 규칙은 어느 것인지 찾아보도록.

1. 콩을 먹지 않는다. 참/거짓
2. 큰길로 다니지 않는다. 참/거짓
3. 쇠꼬챙이로 불을 건드리지 않는다. 참/거짓
4. 하얀 수탉을 만지지 않는다. 참/거짓
5. 동물의 심장을 먹지 않는다. 참/거짓
6. 깎은 손톱을 밟지 않는다. 참/거짓
7. 아침에 일어나면 잠자리에 누웠던 자국을 남기지 않는다. 참/거짓

8. 램프 옆에서 거울을 보지 않는다. 참/거짓
9. 짐을 싣는 사람은 도와 주지만, 짐을 내려놓는 사람은 도와 주지 않는다. 참/거짓
10. 왼손으로 코를 잡지 않는다. 참/거짓

> 답 : 10번까지 거짓이고, 나머지는 모두 참이다. 그리스에서 쓸 만한 높이의 자리 운동이 들면 금강산도 식후경이라고 하며 짐을 내리는 데에 도움을 주는 사람들이 있었다.

유령 이야기

유령 이야기를 최초로 한 사람은 그리스인이었지만, 정작 그 이야기를 처음으로 글로 옮긴 사람은 로마의 플리니우스(Plinius)였다.

그 이야기는 다음과 같다.

루키아스에게

 방금 이상한 이야기를 들었는데, 네가 좋아할 것 같아서 편지에 적어 보낸다.
 아테네에는 유령의 집이라고 소문난 크고 아름다운 저택이 있단다. 사람들은 한밤중이면 그 집에서 무시무시한 소리가 들린다고 해. 쇠사슬을 질질 끄는 소리가 점점 커지다가 끔찍하게 생긴 늙은이의 유령이 나타난다는 거야. 지저분하고 불쌍해 보이는 늙은 유령은 텁수룩한 수염을 길게 기르고 있고, 하얗게 센 머리는 빗질도 하지 않은 것처럼 마구 헝클어져 있단다. 그리고 가느다란 다리에는 쇠사슬이 감겨 있는데, 고통에 찬 신음 소리를 내면서 걸어다닌다는구나. 허리에도 무거운 쇠사슬이 감겨 있는데, 유령은 계속해서 팔을 움직이면서 쇠사슬에서 벗어나려고 몸부림치지.
 한번은 배짱 두둑한 남자들 몇 명이 밤새 그 집을 지켜보기로 했대. 유령을 본 사람들은 다들 무서워서 죽을 뻔했다더구나. 그런데 이상한 것은, 그 날 밤 함께 집을 지켜보았던 사람들이 모두 병에 걸리거나 죽어 버렸다지 뭐냐. 그 뒤로 사람들은 그 집 근처에 가기를 꺼렸고, 팔려고 내놔도 아무도 그 집을 사지 않는대. 그래서 그 저택은 거의 폐허로 변해 버렸지.
 그런데 아테노도로스라는 가난뱅이가 유령이 나온다는 것을 알고도 그 집을 빌렸어. 그 집에서의 첫날 밤, 그는 일을 하고 있었는데, 쇠사슬 소리가 나서 돌아다보니 끔찍하게 생긴 늙은이 유령이 나타났더래. 유령은 아테노도로스에게 가까이 오라고 손짓을 했어. 하지만, 그는 바쁘다면서 본 척도 하지 않았지. 그랬더니 유령은 화가 났는지 쇠사슬을 마구 흔들면서 소란을 떨더라는 거야. 그제서야 아테노도로스는 할 수 없이 하던 일을 멈추고 유령을 따라나섰지.
 정원에 다다르자, 유령은 손가락으로 어딘가를 가리키더니 그대로 사라져 버렸단다. 아테노도로스는 유령이 가리킨 곳에 표시를 하고는, 잠자리로 돌아가 깊은 잠에 빠졌어.
 다음 날, 아테노도로스는 법관들을 찾아가 전날 밤 자신이 보았던 것을 그대로 이야기했어. 그래서 법관들이 유령이 가리켰던 곳을 파 보았는데, 그 곳에는 쇠사슬에 묶인 해골이 묻혀 있더란다.
 정원에서 파낸 유골을 제대로 된 무덤에 묻고 장례를 치러 주자, 그 다음부터는 유령이 나타나지 않더라는구나.

플리니우스로부터

신의 계시냐 미신이냐

기원전 413년 여름, 아테네군은 곤경에 빠졌다. 시라쿠사를 포위 공격할 참이었는데, 지휘자 한 명은 죽고, 또다른 지휘자인 니키아스는 열병에 걸리고 말았다.

상황이 이렇게 되자, 아테네군은 전쟁을 포기하고 고향으로 돌아가기로 했다. 다들 이 의견에 찬성하고 짐을 싸기 시작했는데, 바로 그 날 밤에 개기 월식이 일어났다. 이를 본 병사들은 신의 계시라고 생각했다.

재앙이 일어날 계시라는 사람이 있는가 하면, 떠나서는 안 된다는 계시라고 말하는 사람도 있었다. 물론 당장 고향으로 떠나라는 계시라고 말하는 이도 있었다. 저마다 자기 생각만 떠들어 대던 병사들은 니키아스에게 물어 보기로 했다.

"고향으로 돌아가기로 한 계획은 취소한다. 그리고 여기서 다음 보름날까지 기다린다."

그러고 나서, 니키아스와 아테네군은 27일을 더 기다렸다. 그 뒤에 어떤 일이 벌어졌을까?

a) 니키아스가 죽고, 아테네군은 고향으로 돌아갔다.
b) 아테네군에게 재앙이 닥쳤다.
c) 시라쿠사 군이 항복했다.

> 답 : b) 아테네군이 기다리기 27일 동안 시라쿠사인 항공은 배불리 시라쿠사의 군이 공격하여 총을 넣고 바쁘다. 그 때문에 아테네 군은 뒤를 쫓고 고통스러운 퇴각의 길을 걸었다. 결국 살아남을 수 있는 아테네 군은 용군으로 공격당하지 못하여 미리 시사시 수군을 건 아테네 군은 모두 몰살시키고 땅에서 배를 모두 잃어버리고 남은 아테네 군은 이 기회로 삼아 습격을 당했다. 이 같이 않은 결정이 기대했다는 것은 좋은 교훈이다.

그리스 인은 어떻게 살았을까?

폴리비우스의 장기판

그리스인은 숫자에 밝았다. 로마의 그리스 역사가로 기원전 200년에 태어난 폴리비우스(Polybius)라는 사람이 있었다. 그는 기원전 168년에 로마로 잡혀간 1000명의 볼모 중 한 명이었다. 폴리비우스는 40권 분량의 그리스 역사서를 남긴 것으로 알려졌지만, 우리에게는 '폴리비우스의 장기판'을 발명한 것으로 더 유명하다.

아래의 장기판에 적힌 각각의 문자는 가로축과 세로축에 그에 해당하는 한 쌍의 숫자가 있다. 즉, 아래 그림에서 'B'는 1과 2를, 'F'는 2와 1에 해당한다. 그렇다면 'YES'라는 낱말은 54, 15, 43으로 나타낼 수 있다. 이해할 수 있겠지?

	1	2	3	4	5
1	A	B	C	D	E
2	F	G	H	I/J	K
3	L	M	N	O	P
4	Q	R	S	T	U
5	V	W	X	Y	Z

그렇다면 폴리니우스의 장기판을 이용해 다음 암호를 해독해 보자.

24 31 24 25 15 44 23 15 23 24 43 44 34 42 54 34 21 44 23 15 11 33 13 24 15 33 44 22 42 15 15 13 15.

* Late again, boy(너, 또 지각했구나).

머리 속에 숨긴 비밀 문서

폴리비우스의 장기판은 비밀 문서를 전달하는 데 아주 좋은 방법이었다. 그런데 히스티아이오스(Histiaeos)라는 그리스인은 이보다 훨씬 좋은 방법을 고안해 냈다.

히스티아이오스는 페르시아 군에게 붙잡혀 있었는데, 사촌인 아리스타고라스에게 편지를 보내도 좋다는 허락을 받았다. 그가 편지를 다 쓰자, 페르시아 군은 그 편지를 샅샅이 검사했지만, 암호 같은 것은 찾아 내지 못했다. 편지를 보내도 아무 문제가 없다고 확신한 그들은 히스티아이오스의 하인을 시켜 아리스타고라스에게 편지를 보냈다.

그런데 하인은 아리스타고라스를 만나자, 이렇게 말했다. "제 머리를 박박 밀어 보십시오." 하인의 말대로 하자, 머리 밑에서 "페르시아 군에 맞서 반란을 일으켜라"라고 문신으로 새긴 진짜 편지가 나타났다. 정말 기발한 방법이지?

사진기를 발명한 그리스인

그리스인의 발명품 중에는 오늘날에도 중요하게 사용되는 것들이 있는데, 그 중에서도 가장 근사한 것은 바늘 구멍 사진기이다. 그리스의 한 화가는 창문을 검은 천으로 가린 뒤, 가운데에 작은 구멍을 뚫었다. 그러자 벽에 바깥 풍경이 거꾸로 비친 상이 나타났고, 화가는 그것을 베껴 그렸다.

그러면 직접 바늘 구멍 사진기를 한번 만들어 볼까?
1. 검은색 마분지로 20×10×10 cm 크기의 상자를 만든다.
2. 상자 한쪽 끝에 바늘 구멍을 뚫은 검은 종이를 붙인다.
3. 그 반대쪽 면에는 기름 종이를 붙인다.
4. 이 상자를 빛이 들어오는 쪽으로 향한다.
5. 바늘 구멍을 통해 들어온 상이 기름 종이 위에 거꾸로 나타난다.

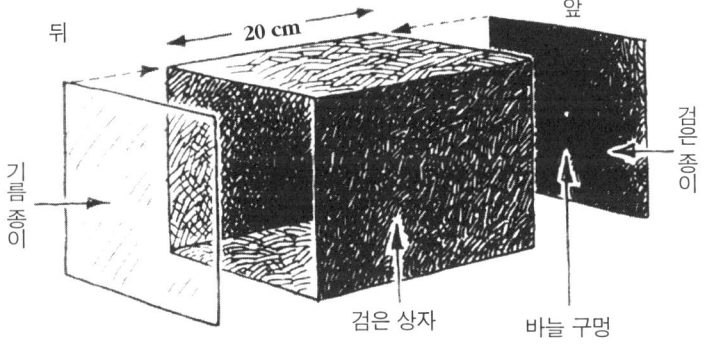

※ **주의** : 위아래가 뒤집힌 상이 나타나니, 제대로 보려면 물구나무를 서야 할걸?

그리스의 은행

고대 그리스에는 은행도 있었다. 은행 강도가 있었다는 기록은 없지만, 은행을 속여 돈을 빼내려 한 사람들은 있었다. 과연 어떤 속임수를 썼을까?

1. 은행에 가서 이렇게 말한다. "배 한 척을 사는 데 1만 드라크마가 필요합니다. 저는 배에 옥수수를 싣고 지중해 건너편에 가서 팔 계획입니다. 옥수수를 팔면 빌린 돈을 갚지요."
2. 은행은 돈을 빌려 주기로 한다. 심지어 배가 침몰하면 (그래서 돈을 몽땅 잃어버리면), 돈을 갚지 않아도 된다고 한다.
3. 싸구려 배 한 척과 옥수수를 조금 산다. 배와 옥수수를 사는 데 5000드라크마가 들었다면, 5000드라크마가 남는다.
4. 배가 바다 한가운데로 나가면 바닥에 구멍을 뚫는다. 그러면 배는 자연스럽게 물 속으로 침몰한다.
5. 배가 가라앉기 시작하면, 구명 보트를 타고 고향으로 돌아와 은행에 가서 이렇게 말한다. "죄송합니다. 1만 드라크마는 갚을 수 없게 되었습니다." 그 다음에는 큰 소리로 웃는 일만 남았다. 발에 물만 조금 적시고 5000드라크마나 벌었으니까.

훌륭한 아이디어다. 그리스에는 실제로 이 아이디어를 실천한 사람들이 있었다. 헤게스트라토스와 제노테미스라는 악당이 바로 그들. 이들은 큰 돈을 거의 손에 쥘 뻔했는데, 그만 4단계에서 실패하고 말았다.

배를 타고 바다로 나간 뒤 어느 날 밤, 제노테미스가 갑판에서 같은 배를 탄 여행객들과 이야기를 하는 사이에 헤게스트라토스는 배 아래로 내려가 바닥에 톱질을 하기 시작했다.

그런데 여행객 중 한 명이 이상한 소리가 난다면서 배 아래로 내려갔다. 사람들에게 붙잡히게 된 헤게스트라토스는 갑판으로 달아나 배 뒤에 달려 있던 구명 보트로 뛰어들었다. 그러나 주위가 너무 어두웠던 탓에 그만 바다에 빠져 죽고 말았다.

결국 배는 고향으로 무사히 돌아왔고, 제노테미스는 은행에서 빌린 돈을 고스란히 갚아야 했다. 돈 한 푼 못 쓰고 죽은 헤게스트라토스에 비하면 그나마 다행인 셈.

죄를 저지르면 어떤 처벌을 받았을까?

알렉산드리아는 이집트의 도시였지만, 그리스의 지배를 받고 있었다. 기원전 250년경, 알렉산드리아에서는 그리스식 법 제도를 도입하였는데, 이를 통해 우리는 그리스의 법 제도에 대해 알아볼 수 있다.

아래의 각각의 범죄에 대해 보기에서 거기에 해당하는 처벌을 연결지어 보라. 한 가지 알아 둘 게 있는데, 당시의 법률은 그다지 공평하지 않았다는 것! 특히, 노예의 경우에는 부당한 대우를 받았다.

1. 자유민 남성이 다른 자유민 남성이나 여성을 구타했다.
2. 노예가 자유민 남성이나 여성을 구타했다.
3. 술 취한 사람이 타인에게 상처를 입혔다.
4. 자유민이 나무, 쇠 또는 청동으로 된 물건으로 다른 사람을 위협했다.
5. 노예가 나무, 쇠 또는 청동으로 된 물건으로 다른 사람을 위협했다.

[보기]
a) 채찍질 100대   b) 벌금 100드라크마   c) 벌금 200드라크마

답 : 1. b) 2. a) 3. c) 4. b) 5. a)

죄를 지은 노예의 주인이 자기 노예가 채찍질 100대의 벌을 받길 원치 않을 경우에는 200드라크마를 내거나 채찍질 한 대에 2드라크마씩 쳐서 벌금을 물어야 했다.

벌금 액수에 불만이 있을 경우에는 법정에서 문제를 해결할 수도 있었다. 그러나 재판에서 질 경우에는 벌금을 두 배로 내야 했다. 특히, 4번 범죄의 경우, 재판에서 지면 벌금이 세 배로 늘어났다.

고달픈 여성의 삶

그리스에서는 노예가 그다지 좋은 대접을 받지 못했다. 그런데 사정은 여자들도 마찬가지였다. 스파르타의 여자들은 남자처럼 살았고, 아테네 여자들은 노예처럼 살았다. 여자들은 남자들이 시키는 대로만 움직여야 했고, 노예가 아닌 일반 남자들이 누리는 자유를 전혀 누릴 수 없었다.

그리스 시대의 현모양처 지침서

여자가 할 일	여자가 해서는 안 되는 일
• 집을 지킨다 • 노예들 틈에서 자라고, 집안 살림을 배운다 • 물레질, 옷감 짜기, 요리, 노예부리기를 배운다 • 열다섯 살이 되면, 아버지가 골라 준 신랑감과 결혼한다 • 여신 헤스티아를 공경한다	• 투표 • 보리 한 줌 이상의 값이 나가는 물건을 사고 파는 것 • 자신의 옷, 보석, 노예 이외에 다른 소유물을 가지는 것 • 집을 비우는 것(다른 여성의 집을 방문하거나 종교 행사, 장례식에 참석하는 경우는 제외)

아티카의 멋진 여성들

그러나 아티카의 여자들은 아테네 여자들과는 달랐다. 이들은 남편이 전쟁에 나가면 함께 나가 싸우기도 했다. 그리고 색다른 방법으로 딸들에게 결혼 준비를 시켰다.

여자 아이가 13세가 되면 아르테미스(Artemis) 여신을 모시는 브라우론 신전으로 보냈다. 여기서 소녀들은 성숙한 여성과 훌륭한 아내가 되는 교육을 받았다. 도대체 어떤 교육을 받았을까? 다음의 보기 중에서 골라 보라.

a) 활쏘기, 창던지기, 무기 수리하기, 칼갈기 등을 배운다.
b) 아르테미스 여신에게 지혜를 청하는 기도를 하고, 남편을 행복하고 건강하게 지킬 수 있는 비밀 주술을 배운다.
c) 옷을 모두 벗은 후, 암곰 흉내를 내면서 숲 속에서 춤추고 뛰어다닌다.

답 : c) 이것은 결혼하기 전에 아테네의 젊은 여자들이 털이 복슬복슬한 야생의 곰과 같이 기원전 380~370년 즈음에 숲속에서 뛰어다니며 곧 태어날 아기를 신에게 기원하던 축제이다. 그렇지만 야만적이라고 곧 금지됐다. 정말 상상이 되지 않는 축제다. 만일 이어름다운 처녀가 숲 속을 달린다면 야수같이 미친 모습으로, 고함치면서 뛰어가고 있으니.

그리스 패션

옷을 몽땅 벗고 숲 속을 뛰어다니는 것은 흉내낼 수 없지만, 그리스인의 옷차림 정도는 우리도 따라할 수 있다. 어디 한번 해 볼까?

1. 직사각형 천을 오른쪽 그림과 같이 접는다. 단, 엄마가 아끼는 이불보는 절대로 쓰지 말고, 아빠 것을 쓰도록.

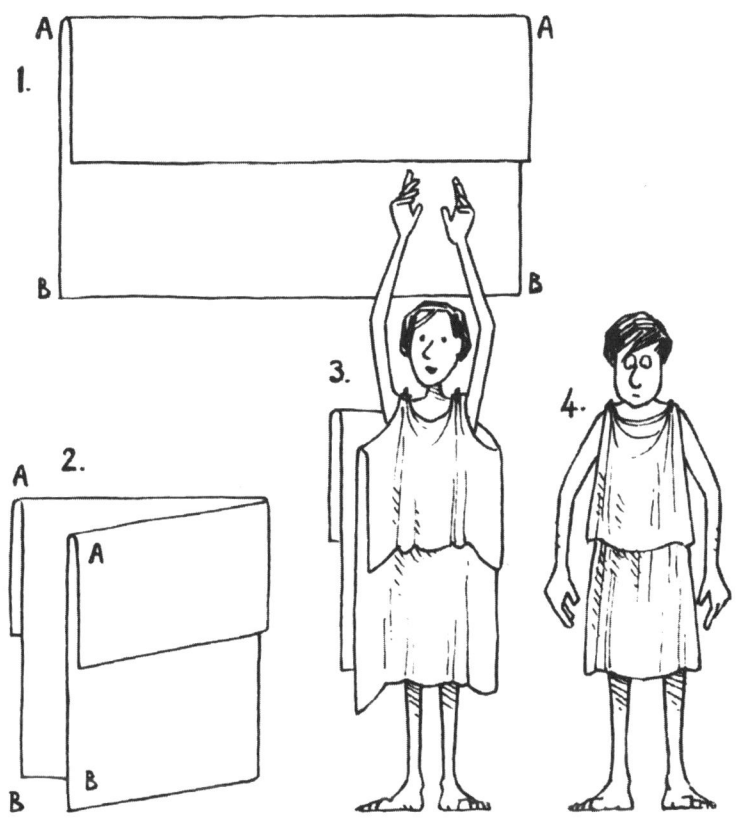

※ **주의** : 여름에만 입을 것

2. 천을 한 번 더 접는다.

3. 다 접은 천을 몸에 두르고, 양쪽 어깨를 옷핀으로 고정시킨다. 고대 그리스에는 옷핀이 없었지만, 그 정도는 넘어가자.

4. 펼쳐진 천 양쪽도 옷핀으로 고정시키고, 허리에는 벨트를 맨다. 그림 4를 보면 완성된 모습을 알 수 있다.

5. 옷이 완성되면 이제 사람들 앞에서 뽐낼 차례. 이 옷을 입고 달리기를 하면서 그리스인이 운동 경기를 할 때, 왜 옷을 벗어 던졌는지 생각해 보자.

이 옷의 이름은 '도리아 옷'이다. 여성용도 디자인은 거의 똑같지만, 길이가 발목까지 내려왔다.

역사 선생님의 실력을 테스트해 보자

선생님이라고 해서 모든 것을 다 아는 건 아니다. 그저 다 아는 척하는 것뿐이다. 선생님이 그리스 역사에 대해 얼마나 알고 있는지 한번 테스트해 볼까?

1. 그리스의 위대한 철학자 아리스토텔레스(Aristoteles)가 제일 좋아했던 고기는?
   a) 낙타
   b) 칠면조
   c) 말의 간
2. 위대한 극작가 아이스킬로스(Aeschylos)는 독수리가 물고 가던 것이 머리에 떨어지는 바람에 죽었다고 한다. 독수리가 떨어뜨린 것은 뭘까?
   a) 거북이
   b) 토끼
   c) 바위

3. 이스미아에서는 올림픽 경기말고 또다른 경기가 열렸다. 우승자는 우승관을 받았는데, 이건 뭘로 만든 것일까?

a) 셀러리

b) 월계수

c) 황금

4. 아리스토텔레스가 등장하기 전, 그리스인은 코끼리에 대해 이상한 생각을 가지고 있었다. 어떤 생각이었을까?

a) 코끼리는 무릎 관절이 없어서 나무에 기대서 잔다.

b) 코끼리는 기억력이 뛰어나다.

c) 코끼리 고기를 먹으면 힘이 강해진다.

5. 다음 중 고대 그리스인이 즐겼던 운동은?

a) 하키

b) 축구

c) 배구

6. 그리스의 철학자 고르기아스(Gorgias)는 "실제로 존재하는 것은 아무것도 없다"고 말했다. 심지어는 자기 자신마저도. 그런데 고르기아스는 정말로 이 세상에 존재하지 않을 뻔 했다고 한다. 과연 그는 어디서 태어났을까?

a) 죽은 어머니의 관 속

b) 눈보라치는 산 속

c) 침몰하는 배

7. 스파르타의 젊은이들은 자기가 사는 고장에서 뭘 하면서 군사 훈련을 받았을까?

a) 비밀 경찰이 되어 문제를 일으키는 사람들을 암살했다.

b) 길을 닦고 거리를 청소했다.

c) 노인들의 집에서 노예로 일하면서 식사 시중을 들었다.

8. 그리스의 탐험가 피테아스는 어디까지 탐험했을까?
  a) 영국과 북해
  b) 지중해 크레타 섬
  c) 아메리카 대륙과 대서양

9. 그리스인은 기원전 4세기경에 신무기를 발명했다. 불에 타는 액체를 적의 군함이나 도시에 발사하는 무기였는데, 이 무기의 이름은 무엇일까?

  a) 그리스의 불
  b) 제우스의 분노
  c) 위험한 불꽃

10. 그리스인은 무덤에 신성하게 여기는 식물을 뿌렸다. 오늘날에는 그다지 신성하게 여기지 않는 이 식물은 무엇이었을까?

  a) 파슬리
  b) 양배추
  c) 마늘

답 : 모두 a)가 정답.

- 8번 피테아스는 상당히 용감한 여행자이며, 또한 유명한 천문학자였다.
- 9번 왜 하필 '그리스의 불'일까?
- 10번 무덤이라니, 덕헝이의 묘 이 아가씨를 다 만리 우릴 하는군!

자기 실력을 테스트해 보자

이제는 각자 자기가 얼마나 알고 있는지 알아보자. 다음 표에 나오는 내용을 올바른 순서대로 맞춰 보도록.

A	B	C
극작가 아이스킬로스는	하키	이라는 새로운 무기를 발명했다.
그리스 인은 무덤에	낙타	까지 탐험했다.
위대한 그리스 철학자 아리스토텔레스는	코끼리는 나무에 기대 잠을 잔다고	가 머리에 떨어져 죽었다.
그리스 운동 선수는	거북이	에서 태어났다.
그리스 선원은	비밀 경찰	파슬리를 뿌렸다.
스파르타 젊은이는	셀러리	라는 단체 경기를 즐겼다.
그리스의 탐험가 피테아스는	그리스의 불	로 만든 우승관을 상으로 받았다.
그리스의 학자 고르기아스는	북해	믿었다.
이스미아 경기의 우승자는	신성한 식물인	활동을 통해 훈련을 받았다.
초기 그리스 인은	죽은 어머니의 관	고기를 즐겨 먹었다.

그리스 인은 어떻게 죽었을까?

그리스의 의사들

그리스 최초의 의사는 아스클레피오스(Asklepios)라는 사람이었다고 한다. 그런데 그는 신의 아들이라는 말이 있으므로 실존 인물은 아닌 듯싶다.

그러나 아스클레피오스의 추종자들은 실제로 존재했다. 그들은 병원이 아니라, 신전에서 일했다. 환자들은 좋은 음식을 먹고, 푹 쉬고, 충분히 잠을 자면 대개 병이 나았다. 그러나 아스클레피오스의 추종자들은 마치 신이라도 되는 듯이 행세했기 때문에 환자들은 열심히 기도하고 제물을 바쳐야 했다.

아스클레피오스의 신전은 환자가 죽지 않는 곳으로 유명했다. 그런데 이 신전에서는 정말 아무도 죽지 않았을까?

물론 그것은 속임수였다. 그들은 거의 다 죽어 가는 환자는 신전 안으로 받아들이지 않았다. 그리고 신전 안으로 들어온 후에 병이 심해져 죽을 것 같으면 근처 숲에다 내다 버렸다.

병을 고치는 신전의 사제들은 대부분 돈을 벌기 위해 사제가 되었다. 그래서 환자가 치료비를 제대로 내지 않으면, 신이 병을 재발시킬 것이라고 겁을 주었다. 그들은 병을 고친다는 광고도 냈다. 그리스 유적지에는 그들이 조각으로 새긴 환상적인 주장들이 남아 있다. 이를테면, 다음과 같은……

그런데 세월이 흐르자, 이 신전은 의학 교육 기관으로 바뀌었다. 이 곳 출신인 위대한 의사 히포크라테스(Hippocrates ; 기원전 460~기원전 357)는 신들이 병을 고친다는 건 말도 안 된다고 주장했다. 그는 인간의 신체에 대해 정확히 공부하고 많은 실험을 거쳐야 제대로 병을 치료할 수 있다고 믿었다.

히포크라테스는 위대한 의사였기 때문에 요즘도 의사가 될 때 히포크라테스 선서(20세기에 들어와 다소 수정이 가해지긴 했지만)를 하고 있다. "그 누구의 청이 있어도 독약을 주지 않을 것이며…… 아픈 사람을 돕기 위해서만 의술을 사용할 뿐, 절대로 해로운 목적으로 사용하지 않겠습니다."

그렇다면 고대 그리스인은 어떤 식으로 선서를 했을까?

그러나 히포크라테스도 완벽했던 것은 아니다. 그는 인간의 몸이 91개의 뼈로 이루어져 있다고 했지만, 오늘날에는 총 206개로 이루어졌다는 사실이 밝혀졌다.

히포크라테스는 몸에서 피를 뽑아 내는 것도 하나의 치료법이라고 생각했다. 그래서 한 청년이 복통을 호소하자, 몸 안에 있는 피를 거의 다 뽑아 냈다 싶을 정도로 많은 피를 뽑아 냈다. 그랬더니 그 청년은 진짜로 병이 나았다.

폐병 환자를 진찰할 때에는 환자를 마구 흔들어 댄 다음, 몸 속에서 나는 소리를 듣고 진찰하기도 했다.

그렇지만 히포크라테스는 아주 예민한 사람이어서, "환자의 병이 악화되거나 죽기라도 하면, 사람들은 모든 것을 의사의 탓으로 돌린다"고 불평을 하기도 했다.

그런데 히포크라테스와 같은 일을 한다면, 누구든 불평을 하지 않을 수 없다. 다음과 같은 것들을 만져야 했으니까.

- 토사물
- 콧물
- 귀지
- 소변
- 눈물
- 상처의 고름

히포크라테스는 요즘 의사들처럼 실험실에서 갖가지 약품을 이용해서 샘플을 검사하지는 않았다. 그렇다면 그는 어떤 방법을 썼을까?

a) 색깔로 검사했다.

b) 대황의 즙을 넣고 끓여서 검사했다.

c) 맛을 보았다.

> 팁 (ː) 이것마 오히려 자신의 생명을 앗아 갔다.

히포크라테스와 그의 제자들은 인간의 두개골을 잘라 뇌 속의 액체를 쏟아 내는 실험도 했다. 그런데 이런 실험을 한 것은 그들이 처음은 아니었다. 석기 시대에도 뇌 수술을 했다는 흔적이 남아 있다(돌도끼로 수술을 받으면 기분이 어떨까?).

미신을 좋아하던 그리스인은 사람의 뼈 조각을 행운의 부적으로 간직하곤 했다. 그러면 질병에 걸리지 않는다고 믿었기 때문이다.

히포크라테스는 요즘 의사들이 날마다 하는 것과 똑같은 말을 자신의 환자들에게 했다.

> 뚱뚱한 사람이 마른 사람보다 빨리 죽습니다.

히포크라테스는 의사들의 자세와 행동의 지침이 되는 말도 남겼다.

> 의사는 너무 살이 찌지 않도록 조심해야 한다. 자기 건강도 돌보지 못하는 사람이 남의 건강을 책임질 수 없기 때문이다.
> 둘째로, 의사는 몸을 청결히 하고, 좋은 옷을 입어야 하며, 향기로운(그러나 너무 강하지 않은) 향수를 사용해야 한다. 이렇게 해야 찾아오는 환자들이 불쾌해 하지 않는다.
> 의사는 우울한 표정을 지어서도 안 되지만, 너무 즐거워 보여도 안 된다. 우울한 얼굴을 하면 환자도 함께 우울해지고, 반대로 즐겁게 웃어 대면 환자 눈에 의사가 실없는 사람으로 보인다.

히포크라테스는 99세까지 살았다고 하니, 자기 몸을 잘 돌본 훌륭한 의사였음에 틀림없다.

사이비 의사

그러나 그리스의 모든 의사들이 히포크라테스처럼 선하고 남을 위해 봉사한 것은 아니었다. 시라쿠사에는 욕심 많고 잔인한 메네크라테스(Menecrates)라는 의사가 있었다. 그는 특히 속여 먹기 쉬운 중환자들을 좋아했다.

거름통에 들어간 철학자

메네크라테스 같은 의사에게 치료받고 싶지 않다면, 자기 스스로 치료하는 수밖에. 그래서 위대한 철학자 헤라클레이토스(Heracleitos)는 자기 병을 스스로 고치기로 했다.

헤라클레이토스는 수종(水腫: 몸 속의 수분이 늘어나 몸이 붓는 병)에 걸리자, 수수께끼를 내서 의사들을 시험해 보았다. "어떻게 하면 장마철을 가뭄으로 바꿀 수 있을까?" 이 수수께끼를 푸는 의사는 단 한 명도 없었다. 하기야 누가 풀겠어?

그러자 그는 직접 자기 병을 고치기로 결심했다. 그는 물을 없애려면 열을 가하는 게 최고라고 생각했다. 그는 농장을 가지고 있었는데, 그 곳에는 가축들의 배설물을 썩인 것, 그러니까 거름이 잔뜩 있었다. 거름 더미 한가운데는 아주 따뜻했다.

그래서 헤라클레이토스는 목 아랫부분까지 완전히 거름 속에 담그고는…… 그대로 죽어 버렸다.

※ **주의** : 집에서는 이 방법을 쓰지 말 것. 거름 때문에 죽기 전에 먼저 엄마한테 엄청나게 혼이 날 테니까. 그리고 거름 냄새가 가실 때까지 백 번도 넘게 목욕하지 않는 한, 친구들도 가까이 오지 않을걸!

공포의 페스트

그런데 그리스 의사들도 손을 댈 수 없는 병이 있었으니, 그것은 바로 페스트였다. 기원전 430년경, 페스트는 수많은 아테네 사람들을 죽음으로 몰고 갔다. 당시 사람들은 페스트에 대해서 이렇게 설명했다.

- 이집트에서 전해졌을 것이다.
- 병이 너무 빨리 퍼져서 적군이 우물에 독을 넣었다는 소문이 퍼졌다.
- 병에 걸리면, 우선 머리가 아프고 눈이 따갑다.
- 그 다음에는 호흡이 가빠지고, 목이 빨갛게 변한다.
- 환자는 재채기를 시작한다.
- 질병이 위로 옮아 가면, 그 때부터 통증이 시작된다.
- 환자는 몸에 아무것도 걸치지 못할 정도로 체온이 올라간다.
- 그리고 심한 갈증을 느껴 심지어는 우물 속으로 뛰어들기도 한다.
- 온 몸에 반점이 생긴다.
- 그런 다음, 대부분의 환자는 숨을 거둔다.
- 살아남더라도 기억을 잃는다.

독수리 같은 새들도 페스트에 걸려 죽은 시체는 거들떠보지 않았다. 그 시체를 먹은 독수리는 죽음을 면치 못했다.

역사학자 투키디데스(Thucydides)는 다음과 같은 기록을 남겼다.

> 치료를 받든 못 받든 사람들은 죽어 갔다. 한 사람의 목숨을 살린 치료법도 다른 사람에게는 소용이 없는 경우가 많았다. 환자를 간호하다 병에 걸린 사람들은 병든 양처럼 죽어 갔다. 거리 여기저기에 페스트로 죽은 시체들이 쌓여 갔고, 병에 걸려 곧 죽을 사람들은 목이 말라 미친 듯 우물 속으로 뛰어들었다.

사람들은 페스트로 죽은 가족들을 불태웠다. 그러나 투키디데스의 기록에 따르면, 시체를 싣고 가던 사람들이 화장하고 있던 다른 시체 위에 시체를 내던지고는 그대로 달아나는 일도 있었다고 한다.

치명적인 처방 1

기원전 278년, 그리스의 왕 피루스는 위험한 의사를 거느리고 있었다. 그 의사는 로마인들에게 이런 편지를 보냈다.

> 파브리쿠스에게
> 나는 피루스 왕의 주치의요. 돈만 준다면 왕을 독살해 주겠소.

그러나 파브리쿠스는 자신의 적인 피루스에게 곧장 다음과 같은 편지를 보냈다.

> 피루스 왕에게
> 당신은 친구와 적을 제대로 구분하지 못하는구려. 당신은 정직한 사람들과 함께 전쟁에 나섰지만, 당신편에는 사악하고 믿을 수 없는 자들이 있소. 이 편지에서 보듯이, 당신 진영에는 당신을 독살하려는 자가 있소. 우리는 비열한 짓을 했다는 누명을 쓰기 싫어서 당신에게 이 사실을 알리는 바이오. 우리는 정당한 방법으로 이 전쟁을 끝내고 싶을 따름이오.
> 파브리쿠스

피루스는 배신자를 찾아 냈다. 그리고는 자신을 독살하려고 만들었던 독약을 그 의사에게 먹였다. 그런 다음, 피루스는 자신의 적인 파브리쿠스에게 감사의 뜻으로 아무런 조건 없이 로마 군 포로들을 풀어 주었다.

치명적인 처방 2

적국의 왕을 독살할 수 없다면, 그의 병을 낫게 하는 약을 못 먹게 하는 방법은 어떨까? 어떻게? 간단하다. 왕의 주치의가 그를 독살하려 한다는 소문만 내면 된다.

알렉산드로스 대왕의 적이었던 다리우스가 바로 그런 방법을 썼다. 알렉산드로스는 병에 걸려 누워 있을 때, 이중 간첩인 파르메니오에게서 편지를 받았다. 파브리쿠스의 편지처럼 그 편지에는 이렇게 적혀 있었다.

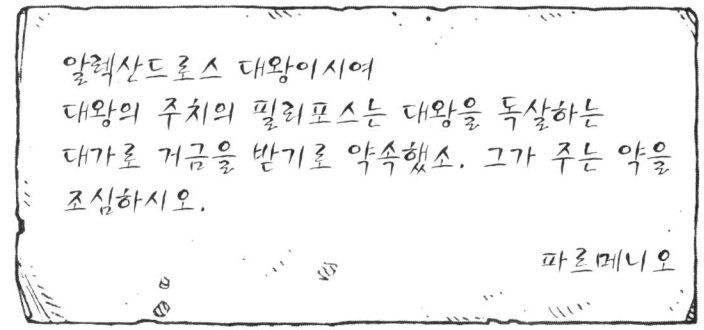

이 편지가 도착한 날 밤, 필리포스가 물약을 알렉산드로스에게 가져왔다. 알렉산드로스의 침대 옆에는 파르메니오의 편지가 놓여 있었다. 그가 가져온 약은 정말로 독약일까?

그런데 알렉산드로스는 모험을 하기로 결심했다. 우선, 침대 옆에 있던 파르메니오의 편지를 필리포스에게 보여 주었다. 그리고는 그가 가져온 약을 꿀꺽 마셔 버렸다.

그것을 본 필리포스는 크게 감격하였다. "대왕께서는 제가 가져온 약이 독이 아님을 어떻게 아셨습니까?"

그러자 알렉산드로스는 이렇게 대답했다. "나는 독약에 대해서는 잘 모르네. 하지만, 사람에 대해서는 잘 알지. 난 자네가 날 배반하지 않으리라는 것을 알고 있었네. 그대는 내 친구가 아닌가?"

그 후, 알렉산드로스 대왕은 병에서 회복되었고, 그의 주위에 있던 의사들은 아무도 그를 배신하지 않았다.

멋진 올림픽 경기

그리스인이 가장 좋아했던 것은 운동 경기였다. 최초로 열린 올림픽 대회에는 육상 경기만 있었다. 초기 올림픽에서는 하루 동안 단 한 가지 경기만 벌어졌다. 예를 들면, 운동장을 가로지르며 약 190 m를 달리는 경주였다.

그러다가 제14회 올림픽 때부터 운동장을 왕복하는 종목이 추가되었고, 그로부터 4년 뒤에 벌어진 제15회 올림픽 때에는 더 긴 거리의 육상 종목이 추가되었다. 새로운 종목들이 계속 추가되자, 올림픽 기간은 닷새로 늘어났다. 그리고 어린이들을 위한 청소년 올림픽도 따로 열렸다.

- 그런데 여자들은 올림픽에 참가할 수 없었다.
- 그리고 남자들은 옷을 홀라당 벗고 경기에 참가해야 했다.

교내 올림픽을 열어 보자

학교에서 학급 대항 올림픽을 열어 보면 어떨까? 그러려면 먼저 반 대표 선수를 뽑아야 한다. 그런 다음, 다른 반 대표 선수들과 실력을 겨루게 하고, 나머지 친구들은 자기 반 선수를 열심히 응원한다.

또, 심판도 정해야 한다. 심판은 올림픽이 열리기 10개월 전부터 교육을 받도록 한다. 물론 심판은 정직한 사람이어야 한다(정직한 어른을 찾기가 쉽지는 않겠지만). 그런 다음, 올림픽을 개최할 지역과 시기를 결정한다.

- 200미터 달리기
- 400미터 달리기
- 멀리뛰기 : 양손에 각각 1 kg의 무게가 나가는 것을 들고 양팔을 휘두르며 제자리에서 멀리 뛴다.

- 원반던지기(정해진 위치에 가장 가까이 던지는 사람이 우승)
- 창던지기

경기가 끝나면 ……

1. 우승자에게는 신성한 지역에서 자란 월계수 가지로 만든 월계관을 수여한다(월계수 가지를 구할 수 없다면, 신성한 문구점에서 구입한 마분지로 우승관을 만드는 것도 괜찮겠지).

2. 경기장에 모인 관중에게 우승자의 이름과 그의 고향을 큰 소리로 소개한다(아니면, 신문사에 전화를 걸든지).

3. 우승자는 고향으로 돌아가면, 도시 성벽에 새로 뚫은 구멍을 통해 들어간다(그러나 학교나 집의 담에 구멍을 내진 말 것! 그 담은 학생들이 몰래 도망치는 것을 막기 위해 필요하니까).

4. 우승자는 특별 대우를 받는다. 평생 동안 세금이 면제된다든가, 지도자의 집에서 무료로 식사를 대접받는다(여러분의 경우에는 평생 공짜 학교 급식을 대접하면 되겠지).

5. 패자를 격려하는 것도 잊어서는 안 된다. 패자도 감정이 있는 사람이니까(고대 올림픽에 참가했던 티만테스라는 레슬링 선수가 있었다. 나이가 들면서 힘이 약해지자, 스스로에게 화가 난 티만테스는 크게 불을 지르고는, 그 불 속으로 뛰어들어 자살하고 말았다).

고대 올림픽의 희한한 경기들

당나귀 경주 냄새가 심했다.

릴레이 경주 좀 뜨거웠을 것이다. 그리스 신화에서 프로메테우스(Prometheus)라는 신은 불을 훔쳐다 지상의 사람에게 갖다 주었다. 이 때문에 사람들은 신들의 노여움을 피해 다녀야만 했다. 사람들은 손에 횃불을 들고 도망다녔다. 불을 선물해 준 프로메테우스를 기리기 위해 고대 올림픽에서는 바통 대신에 횃불을 들고 릴레이 경주를 했다. 경기 도중에 횃불이 꺼지는 팀은 실격이었다. 그런데 마지막 주자가 횃불을 잘못 건네받는다면, 얼마나 뜨거웠을까?

말 네 필이 끄는 전차 경주 정말 위험한 경기였다. 호메로스는 전차 경주 도중에 일어났던 사건에 대해 이렇게 기록했다.

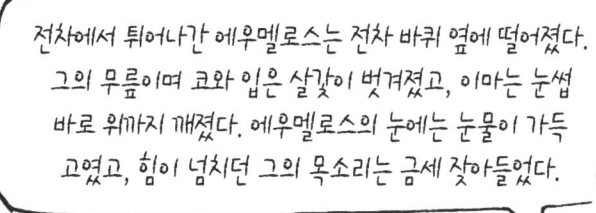

요즘 열리는 경기는 비교도 안 될 정도로 위험했다!

갑옷 입고 달리기 무겁기만 하고 폼은 하나도 안 나는 경주였다. 그 무거운 갑옷에다 방패와 창까지 들고 달렸으니 아주 힘들었다. 실감이 나지 않는다면, 큰 쓰레기통 두 개를 등에 묶고 달려 보도록.

나팔불기 시합 귀가 아주 따가웠다.

팡크라티온(Pankration) 권투와 레슬링을 합쳐 놓은 경기라고 보면 된다. 유일한 규칙은 바로 규칙이 없다는 것. 단, 상대를 물거나 눈을 찌르는 짓은 안 된다. 적을 쓰러뜨리기만 하면 이긴다. 이 경기에서 쓰는 기술로는 다음과 같은 것들이 있었다.

- 조르기
- 차기
- 팔비틀기
- 상대 몸 위로 뛰어내리기

승자는 좋았겠지만, 패자는 무척 괴로웠다.

권투 권투는 알겠다고? 글러브를 끼니까 위험하지 않다고? 그러나 그리스식 권투는 달랐다. 크레우가스와 다모크세노스의 경기가 어땠는지를 보면 잘 알 수 있을 것이다.

그리스 일보

(가격 : 단돈 200원)

목숨과 맞바꾼 승리

어제 있었던 올림픽 헤비급 타이틀전에서 죽음의 파괴자 다모크세노스가 도전자 크레우가스를 맞아 분전했으나 타이틀을 잃고 말았다.

이 시합에서 두 선수는 각자 보유하고 있던 철통 같은 기록을 지키기 위해 최선을 다해 싸웠다. 2천 명의 관중은 잔디밭에서 오후의 햇살을 받으며 끝까지 시합을 관전했다. 그 자리에 있던 누구도 시합이 어떻게 끝날지 예상하지 못했다.

야유

덩치 큰 다모크세노스가 잔디밭 링으로 걸어 나와 주먹에 가죽끈을 동여매자, 관중들은 일제히 그에게 야유를 보냈다. 그러나 잘생긴 크레우가스가 링에 나타나자, 관중들은 그에게 환호성을 보냈다. 잔디밭 링 밖에 서 있던 주심은 다음과 같이 말했다.

"손바닥으로 때리기, 주먹으로 치기는 허용된다. 발로 차는 것도 허용된다. 하지만, 머리로 받는 것은 반칙이다. 잘 알아들었지?"

주심의 말에 크레우가스는 "네, 알겠습니다."라고 씩씩하게 대답했지만, 덩치 큰 다모크세노스는 심술궂게 중얼거리기만 했다.

"시합은 한쪽이 쓰러질 때까지 휴식 없이 계속된다. 더 이상 견디지 못하겠다면, 오른손을 높이 들도록. 알겠나?"

계속되는 주심의 설명에 다모크세노스는 코방귀를 뀌며 허풍을 떨었다.

"그런 말은 나하고는 상관 없소. 나는 절대로 항복하지 않을 테니까."

쇠망치 주먹

주심이 물러나자, 관중은 다시 야유를 보냈다. "시작!" 소리가 떨어지자마자, 다모크세노스가 앞으로 뛰쳐나왔다. 그가 쇠망치 같은 주먹을 휘둘렀지만, 젊은 크레우가스는 뒤로 몸을 살짝 피하면서 챔피언의 머리에 잽을 먹였다.

경기는 이런 식으로 계속 진행되었다. 덩치 큰 다모크세노스는 어슬렁거리면서 커다란 주먹을 휘둘렀지만, 재빠른 크레우가스는 요리조리 피해 다녔다. 해가 지고, 관중도 진이 빠질 즈음, 주심이 시합을 중단시켰다.

"무승부란 없다. 각자에게 한 방씩 주먹을 날릴 기회를 주고, 여기서 이기는 자를 승자로 하겠다."

반칙

주심의 결정이 마음에 든 관중은 링 가까이로 모여들었다. 다모크세노스가 차려 자세로 양팔을 옆으로 내려놓으며 으르렁댔다. "겁쟁이 녀석, 네가 먼저 쳐!" 관중은 숨을 죽였다.

크레우가스가 챔피언의 머리에 주먹을 한 방 날렸다. 그러자 챔피언이 껄껄 웃으며 말했다. "이제 내 차례다."

젊은 크레우가스는 머리를 한 번 흔든 뒤, 자신을 쓰러뜨릴 주먹을 기다렸다. 그런데 뜻밖의 일이 벌어졌다.

주먹을 휘두르는 대신, 다모크세노스는 손가락을 쭉 펴서 크레우가스의 갈비뼈 아래를 힘껏 찔렀다. 그의 뾰족한 손톱이 크레우가스의 살갗을 뚫고 들어갔다. 다모크세노스는 그런 식으로 몇 번이나 찔러 댔다. 나중에는 크레우가스의 내장이 빠져 나왔다. 크레우가스가 힘없이 쓰러지자, 관중들은 숨이 턱 막혔다.

상처뿐인 승리

그러자 주심이 링 안으로 뛰어들면서 소리쳤다. "공격은 단 한 번만 해야 한다. 다모크세노스는 한 번 이상 공격했으니 반칙을 한 것이다. 나는 주심의 자격으로 그대의 실격패를 선언한다. 따라서, 이 시합은 크레우가스의 승리다."

관중은 기쁨에 들떠 환호성을 내질렀다. 그렇지만 새로운 챔피언은 승리의 소감을 말할 수가 없었다.

매니저가 새로운 챔피언 대신 말했다. "크레우가스는 최선을 다해 싸웠습니다. 따라서, 승리는 당연한 것입니다. 나중에 승리를 축하하기 위한 잔치를 열겠습니다."

크레우가스는 목숨을 걸고 싸워 이긴 용감한 챔피언으로 영원히 기억될 것이다.

올림픽 토막 상식

1. 부정 행위에 대해서는 벌금이 부과되었다. 반칙을 한 선수는 제우스 신상을 세우는 데 드는 경비를 내야 했다. 그리스에서 올림픽 경기가 중단될 때까지 올림포스에는 수많은 제우스 신상이 생겨났다. 반칙을 한 선수가 그만큼 많았던 것이다.

2. 부정 행위 중 가장 흔한 것은 전차 경주에서 가장 좋은 말을 가지고 있는 선수가 자신이 지는 쪽에 내기를 거는 것이었다. 경주가 시작되면 말에게 채찍질을 하는 척하면서 슬쩍 고삐를 당겨 말의 속도를 늦추었다. 이런 식의 부정 행위는 요즘도 경마장에서 몰래 이루어지고 있다.

3. 고대 올림픽은 로마 인을 참가시키지 않았다. 또, 그리스를 정복한 로마는 운동 경기를 좋아하지 않았고, 그 대신 검투사들이 목숨을 걸고 싸우는 시합을 좋아했다. 그래서 로마 인은 원형 경기장을 세우고, 검투사들의 시합을 구경했다. 그래도 로마 인은 그리스의 올림픽을 허락해 주었다. 그렇지만 서기 394년에 로마 황제 테오도시우스는 올림픽을 금지시켰다.

4. 원조 올림픽에서는 운동 경기말고도 음악과 연극 공연 그리고 대중 연설이 행해졌다.

5. 약 1500년 동안 잊혀졌던 올림픽은 1896년, 프랑스의 피에르 드 쿠베르탱(Pierre de Coubertin)에 의해 부활되어, 4년마다 한 번씩 열리게 되었다. 고대 그리스의 올림픽은 제우스 신을 기리기 위해 열렸고, 경기 기간에는 전쟁도 중단했다. 그러나 슬프게도 현대에 와서는 올림픽보다는 전쟁이 우선이다. 그래서 제1차 세계 대전과 제2차 세계 대전 동안(1916년, 1940년, 1944년)에는 올림픽이 열리지 못했다.

6. 기록에 남아 있는 최초의 올림픽 우승자는 엘리스의 요리사였던 코로이보스이다.

7. 어린 운동 선수 피시도로스는 자기 어머니를 올림픽 경기장에 모셔 왔다. 당시에는 여성의 출입이 금지되어 있었기 때문에, 그 어머니는 남자 코치로 변장해야 했다.

8. 현대 올림픽에서는 나이키를 자주 볼 수 있다. 나이키가 승리의 여신 니케(Nike)의 영어명이라는 사실을 알고 있는 사람? 니케는 모든 운동 경기를 주관하는 여신이었다.

9. 올림픽이 열리는 경기장의 길이는 1스타디온(190 m)이었다. 오늘날 경기장을 뜻하는 스타디움이라는 말은 바로 여기서 유래했다. 달리기 선수들은 지금처럼 타원형의 트랙을 돌지 않고, 운동장을 일직선으로 가로질러 달렸다.

10. 그리스의 시인 호메로스는 오디세우스와 아킬레스의 달리기 시합에 관해 썼다. 시합에 지게 된 오디세우스는 재빨리 아테나 여신에게 기도를 올렸다. 그러자 아테나는 아킬레스를 넘어뜨리면서 쇠똥에 머리를 처박게 했다. 결국 아킬레스의 얼굴은 쇠똥 범벅이 되었고, 시합에도 지고 말았다.

그리스 인은 무엇을 먹었을까?

제물인가 간식인가?

제물은 신에게 바치는 귀한 선물이다.

"신이시여, 여기 선물을 바치나이다. 가는 정이 있으면 오는 정이 있는 법! 이제는 신께서 제게 선물을 주실 차례죠?"

그리스인은 동물을 제물로 바친 다음, 자기들이 그 고기를 불에 구워 먹었다. 엄마에게 선물한 초콜릿을 자기가 대신 먹는 것이나 마찬가지!

- 제물로 바친 동물의 심장, 허파, 간, 콩팥 등을 먹는 것을 가장 큰 영광으로 여겼다.
- 제일 좋은 부위는 여럿이 함께 나눠 먹었다.
- 먹고 남은 고기는 다져서 소시지나 순대를 만들었다. 그러나 높은 자리에 있는 사람들은 이런 음식을 먹지 않았다.
- 다 먹고 나면 꼬리나 허벅지 뼈, 방광 정도만 남을 뿐, 신에게 돌아갈 음식은 그리 많지 않았다.

그리스인은 동물의 피와 지방을 방광에 채운 뒤, 불에 구워 먹기도 했다. 그들의 식생활을 체험하기 위해 이 음식을 한번 먹어 보는 건 어때?(물론 그렇다고 해서 소를 제물로 바칠 필요는 없다. 그랬다간 집 안이 엉망진창이 될 테니까) 그러면 정육점에 가서 뭔가를 사야 하는데, 뭘 사야 할까?

a) 곱창
b) 검은 순대
c) 소시지

> 답 : b) 태초에 제단에 바친 고기는 모두 불에 태워 신에게 바쳤으나, 그리스 인들은 제물로 바치고 남은 고기는 자기네가 먹어 치웠다. 신은 뼈다귀나 태우는 셈이지만.

★ 요건 몰랐을걸!
고대 그리스의 채식주의자들은 제물을 바칠 때, 동물 대신 채소를 바쳤다고 한다. 이것도 괜찮은 생각이지?

음식에 욕심을 부린 자의 종말은?

밀론은 레슬링 선수였다. 그는 자기가 꽤나 멋지다고 생각하였다. 올림픽 경기가 열리기 전에 밀론은 어린 소를 어깨에 둘러메고 경기장 둘레를 한 바퀴 돌았다. 소를 운반하느라 배가 고파진 밀론은 그만 소를 잡아먹어 버렸다. 날이 어두워지기도 전에 그는 소 한 마리를 몽땅 먹어 치웠다.

그런데 올림포스에는 만사를 공평하게 처리하는 신이 있었던 모양이다. 왜냐 하면, 결국 밀론은 자신이 한 일에 대해 대가를 치렀으니까 말이다. 그것도 아주 정확하게.

사건은 밀론이 잘난 체하며 맨손으로 나무를 쪼갤 때 일어났다. 그런데 그만 손이 쪼개진 나무 틈에 끼여 버렸다. 손을 빼내려고 애썼지만, 뜻대로 되지 않았다. 그 때, 한 무리의 늑대가 나타나더니 입맛을 다시며 밀론에게 덤벼들었다.

늑대들은 밀론을 어떻게 했을까? 바로 밀론이 어린 소에게 했던 것과 똑같은 짓을 했다. 불에 굽지 않았다는 것만 빼고.

형편 없는 음식

그리스인은 제물을 바칠 때가 아니면 평상시에는 고기를 먹을 기회가 별로 없었다. 한 역사학자는 그들의 식생활에 대해 이렇게 말했다. "그리스인의 식단은 두 가지로 이루어졌다. 첫째는 죽이었고, 둘째도 역시 죽이었다."

그런데 말이 죽이지, 그렇게 형편 없는 음식은 아니었다. 여기서 말하는 죽이란, 콩이나 옥수수, 렌즈콩을 갈아서 기름에 섞은 것인데, 기름은 대개 식물성 기름이었다. 물론 자동차에 넣는 기름은 아니다.

농부들은 여기에 올리브나 무화과, 견과류를 넣기도 하고, 염소 젖으로 만든 치즈를 넣어 먹기도 했다. 그리고 이 죽을 먹을 때에는 물이나 염소 젖을 함께 마셨다.

기원전 500년 무렵부터 부자들은 농부들보다 고기를 더 많이 먹기 시작했다. 주로 염소나 양, 돼지, 사슴 고기였다. 그리고 물 대신 포도주를 마시기 시작했다. 그런데 그들은 그 밖에 또 어떤 것을 먹었을까? 아래 그림 중에서 골라 보라.

스파르타식 수프

여러분은 아테네에서 메뚜기와 지빠귀새를 먹고 살 수 있겠는가? 그래도 그 정도는 나은 편이다. 스파르타에서 살았다면 훨씬 더 괴로웠을 테니까.

스파르타에는 '검은 수프'라고 하는 끔찍한 음식이 있었는데, 돼지 고기 육즙에다 소금과 식초를 넣어 만든 수프였다.

아테네인은 스파르타의 음식에 대해 심하다 싶을 정도로 혹평을 했다. 예를 들면, 아테나이오스는 이런 말을 했다. "스파르타인은 세상에서 가장 용감한 자들이다. 그런 음식을 먹는 걸 보면 분명히 알 수 있다."

또, 어떤 아테네인은 이렇게 말했다. "스파르타 사람들이 전쟁터에서 목숨을 내걸고 싸우는 것도 무리는 아니다. 그들이 먹는 음식을 계속 먹느니 차라리 죽는 게 나을 테니까."

음식 품평회

아르케스트라토스는 유럽에서 최초로 요리 책을 쓴 사람이다. 시의 형식으로 쓴 이 책은 요리법보다는 진기한 요리가 나왔던 잔치를 기록하기 위한 책이었던 듯하다. 미식가와 요리사를 위한 기발한 충고도 담겨 있다. 그런데 아르케스트라토스는 어떤 음식들에 대해서는 혐오감을 가지고 있었다.

흑해의 생선은
맛도 없고 냄새도 끔찍하다네.
이 생선을 먹는 자들에게 말하노니,
그대와 이 생선은 지옥으로 갈지어다!

아르케스트라토스는 좋아하는 음식이 따로 있었다. 그리고 자기가 좋아하는 음식에 대해서는 이렇게 좋은 말을 썼다.

쇠고기를 즐기는 사람들은
소를 찬양하는 노래를 한다네.
그렇지만 나는 그 대신에
암퇘지의 뱃살을 씹어먹으리.

아르케스트라토스가 가장 지독한 악평을 퍼부은 것은 훌륭한 그리스 요리를 망쳐 놓은 외국인 요리사들이었다.

먹지 않고 내버릴 요리를 만들려면,
바다에서 농어를 잡아다가
이탈리아 요리사처럼
형편 없는 자에게 맡겨라.

음식 맛 형편 없기는 시라쿠사도 마찬가지.
농어를 치즈 소스에 넣어 망쳐 버리네.
아니면, 피클에 넣어 풀처럼 만들지.
그런 요리사들과는 상종도 말지어다.

그런데 아르케스트라토스가 요즘 우리가 먹는 이탈리아 음식을 맛본다면 어떤 말을 했을까? 혹시 이런 시를 쓰지는 않았을까?

깡통 속에 들어 있는 스파게티는
지저분한 쓰레기통에 던져 버리고,
맛없게 식어 버린 피자 한 판은
그대로 냉장고에 처박아 두어라.

그리스 어린이들은 어떻게 살았을까?

아기들을 위한 특별 코스

기원전 500년에서 기원전 200년까지 그리스에는 아기들을 위한 특별한 의식이 있었다. 여러분은 이 의식에서 살아남을 수 있을까?

시작 : 아버지가 아기를 검사한다. 합격인가?
그렇다 ➡ 1번으로 가라.
아니다 ➡ 2번으로 가라.
모르겠다 ➡ 5번으로 가라.

1. 아들이 너무 많은 경우에는 아버지에게서 상속받은 토지를 나누어 가져야 한다. 그리고 딸이 많은 경우에는 돈이 많이 든다. 그래도 아기를 기르겠는가?
그렇다 ➡ 6번으로 가라.
아니다 ➡ 2번으로 가라.

2. 아기를 항아리(피토스)에 넣어 내다 버린다. 양심에 걸리는가?
그렇다 ➡ 4번으로 가라.
아니다 ➡ 3번으로 가라.

3. 아기는 일 주일도 살지 못하고 죽는다.

4. 아기가 없는 부부에게 버려진 아기에 대해 알려 준다. 그들은 아기가 얼어 죽거나 늑대에게 잡아먹히기 전에 아기를 데려온다. 그 뒤 아기는 양부모 밑에서 자란다.
6번으로 가라.

5. 아버지는 아기에게 찬물이나 포도주 또는 오줌을 발라 검사한다. 이 검사에서 아기가 살아날 수 있을까?
그렇다 ➡ 6번으로 가라.
아니다 ➡ 3번으로 가라.

6. 이제 아기는 가족의 일원이 되었다. 이 사실을 만방에 알리기 위해 아기가 아들인 경우에는 문 앞에 올리브 나뭇가지를 걸고, 딸인 경우에는 양털 조각을 내건다.
7번으로 가라.

7. 암피드로미아(amphidromia) 의식을 거행한다. 아기가 태어난 지 7일이 되면 집을 깨끗이 청소한 후, 집 안에 물을 뿌린다. 가족들이 노래를 부르는 동안 아버지는 아기를 안고 화로 주변을 맴돈다.
8번으로 가라.

8. 아기가 태어난 지 열흘이 되면 명명식을 거행한다(아들인 경우에는 할아버지의 이름을 물려받는다). 축하한다! 여러분은 살아남았다. 물론 앞으로도 전염병이나 전쟁 같은 다른 위험한 일을 견뎌 내야 하겠지만!

좋은 소식: 남자 아이들은 일곱 살까지 학교에 가지 않아도 되었다. 여자 아이들은? 평생 안 다녀도 되었다(부럽지?).
나쁜 소식: 수학을 할 때에는 숫자 대신 문자를 썼다. 예를 들면, a는 1, b는 2, c는 3…… 이런 식이었다.

* 2-5-5-6 : beef(소고기), 4-1-4 : dad(아빠)

그렇다면 BAD + HEAD는 숫자로 셈하면 얼마일까?

답 : 214 + 8514 = 8728

정말로 나쁜 소식: 남자 아이들은 등교할 때 노예를 데리고 다녔다. 그렇다고 노예가 학교에서 일을 한 것은 아니었다. 노예들은 아이들이 공부를 제대로 하는지 감시하는 일을 했다. 아이들이 공부를 안 하거나 말썽을 부리면, 노예가 아이를 흠씬 때려 주었다!

선생님의 실력을 테스트해 보자

그리스인은 사물에 대해 깊이 생각하기를 좋아했다. 이것이 바로 '철학'이라는 학문이다. 철학자들 중에서 엘레아(오늘날의 이탈리아 지방) 출신의 제논(Zenon)은 괴상한 문제를 내는 것으로 유명했다. 그리스 사람들은 제논이 낸 '역설'에 대해 토론하고 연구하기를 즐겼다. 선생님에게 제논의 역설을 질문해 보면 어떨까?

맛없는 학교 급식 해결법

학교 급식에서 맛없는 반찬만 잔뜩 나오면? 그냥 꾹 참고 먹든지, 아니면 배가 고프더라도 안 먹고 견디는 수밖에 없다.

오랜 가뭄으로 리디아에 기근이 널리 퍼졌다. 리디아 사람들은 그 해결 방법을 찾아 냈다. 그들은 먹을 것에 대해 생각을 하면 할수록 배가 더 고파진다는 것을 알게 되었다. 그래서 음식에 대한 생각을 떨쳐 버릴 수 있는 놀이를 만들어 냈다. 이 놀이는 주사위나 동물의 관절 뼈만 있으면 할 수 있다.

이 놀이가 얼마나 재미있었던지 리디아 사람들은 배고픈 줄도 몰랐다. 그리고 놀이를 한 다음 날에는 눈에 띄는 것은 무엇이든지 먹어 치우고, 놀이는 하지 않았다. 이런 생활이 무려 18년이나 계속되었다. 하루는 놀고, 하루는 먹고!

그러니까 학교 급식이 변변치 않다고 생각되면, 리디아 사람들의 놀이를 한번 해 보자. 이 놀이를 하려면 먼저 발굽이 갈라진 동물의 발목뼈 5개가 필요하다(정육면체 모양의 뼈가 필요하니까). 발굽이 갈라진 동물로는 들소, 돼지, 염소, 영양, 양 등 많은 종류가 있다. 급식에 이런 동물의 요리가 나온다면 놀이를 하기가 훨씬 쉬울 것이다.

그리고 혹시 학교 식당 요리사가 영양을 잡았다면, 그분한테 가서 영양의 발목에 있는 정육면체 모양의 뼈를 달라고 부

탁해 보도록. 아무리 해도 정육면체의 뼈를 구할 수 없으면, 주사위 모양의 나무 조각을 쓰자.

관절 뼈 놀이 : '마구간의 말'

놀이 참가자 : 한 명 이상
준비물 : 관절 뼈 5개(또는 주사위 모양의 나무 조각)
규칙 : 주사위 모양의 관절 뼈 4개를 바닥에 놓는다. 각각의 뼈는 '말'이 된다.

늘어놓은 뼈 근처에 왼손을 쫙 펴서 내려놓는다. 손가락들 사이의 틈은 '마구간'이 된다.

오른손으로 나머지 뼈를 공중으로 던져 올린다.

위로 던져 올린 뼈를 받기 전에 오른손으로 바닥에 있는 '말'을 '마구간'에 집어넣는다. 즉, 오른손으로 뼈를 튀겨서 손가락들 사이의 벌어진 틈으로 집어넣는 것이다.

네 마리의 '말'이 모두 '마구간'으로 들어갈 때까지 이 동작을 계속한다. 단, '마구간' 하나에 '말'을 한 마리씩만 넣을 수 있다.

네 마리의 말이 '마구간'에 모두 들어가면, 왼손을 치운다. 그리고 오른손으로 다시 한 번 뼈를 던져 올린 뒤, 그 손으로 재빨리 바닥에 있는 말 4개를 모두 집어든 다음, 떨어지는 뼈를 받아 낸다.

위의 순서를 모두 성공시키거나, 또는 중간에 실수를 하게

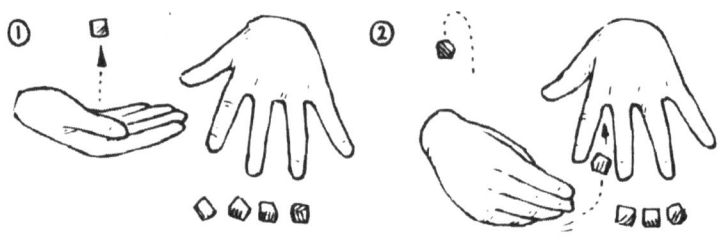

되면, 다른 사람에게로 차례가 넘어간다. '마구간'에 '말'을 모두 집어넣는 것을 열 번 먼저 한 사람이 이긴다.

교내 올림픽

그리스 어린이들은 그 밖에도 많은 놀이를 만들었는데, 지금도 세계 곳곳에서 그 당시에 즐기던 놀이들이 전해지고 있다. 우리도 마음만 먹으면 얼마든지 이런 놀이를 할 수 있다. 아직 한 번도 그리스의 놀이를 해 보지 못했거나 지금 당장 해 보고 싶은 사람들을 위해 여섯 가지 게임을 소개한다.

오스트라킨다 (ostrakinda)

이 놀이는 두 팀으로 나누어서 하는데, 지금도 이탈리아, 독일, 프랑스에서 흔히 한다. 준비물은 동전 한 개만 있으면 된다. 우선 동전 한쪽을 까맣게 칠한다. 까맣게 칠한 면이 '밤'이고, 다른 면은 '낮'이다.

규칙:

1. 두 팀으로 나눈다. 한쪽 팀은 '밤'이고, 다른 팀은 '낮'이 된다.
2. 동전을 위로 던진다.
3. 까맣게 칠한 면이 위로 나오면, 밤팀이 낮팀을 쫓아가 잡는다. 반대쪽 면이 위로 나오면, 낮팀이 밤팀을 쫓아가 잡는다.

냄비놀이

규칙:

1. 술래를 뽑는다.
2. 술래는 눈을 가리고 바닥에 앉는다.

3. 나머지 사람들은 술래를 살짝 치거나 찌른다.
4. 술래는 자신을 건드리는 사람들을 발로 차야 한다.
5. 술래의 발에 걸린 사람이 다음 번 술래가 된다.

청동 파리

그리스식 장님놀이인데, 이것에 대해서는 이런 기록이 남아 있다.

> 남자 아이의 눈을 천으로 가린다. 눈을 가린 아이는 몇 바퀴 빙빙 돈 다음, 이렇게 소리친다. "파리 잡으러 나간다!" 그러면 다른 아이들이 뒤로 물러나면서 이렇게 대답한다. "파리를 쫓아갈 수는 있어도 잡지는 못할걸." 그러고서 아이들은 눈을 가린 남자 아이가 누군가를 붙잡을 때까지 종이 채찍으로 그 남자 아이를 괴롭힌다.

에페드리스모스 (ephedrismos)

규칙:

1. 한 명이 눈을 가리고, 다른 한 명이 무동을 탄다.
2. 무동을 탄 사람은 눈을 가린 사람이 정해진 곳까지 제대로 가도록 안내한다.

3. 눈을 가린 사람이 제대로 목표에 도착하면, 이번에는 등에 올라탔던 사람이 눈을 가리고 '말'이 된다. 이 놀이는 짝을 이뤄서 다른 팀과 경쟁을 하면서 즐길 수 있다.

그리켓 (greecket)

고대 그리스인은 공을 쳐서 작은 문으로 넣는 놀이도 즐겼는데, 이것은 오늘날 크리켓이라는 경기와 비슷하다.

그리스 유적지에서 발견된 항아리에 이 놀이를 하는 모습이 그려져 있기 때문에 놀이를 하는 광경은 알 수 있지만, 규칙이 어땠는지는 알 수 없다. 그러니까 각자 편한 대로 규칙을 만들어 보는 수밖에 없다. 아마 대략 이랬을 것이다.

1. 골문에서 일정한 거리만큼 떨어진 지점에 선다.
2. 공을 들고 골문을 향해 열 번 던진다.
3. 반대편 참가자는 골문 뒤에 서서(골키퍼처럼) 공을 다시 던져 준다.
4. 공을 열 번 다 던지면, 상대방이 공을 열 번 던질 동안 골문 뒤에 서 있는다.
5. 공을 열 번씩 던져서 골문에 가장 많이 통과시킨 사람이 승자가 된다.
6. 한 지점에서 놀이가 끝나면, 다른 지점으로 옮겨 가서 다시 처음부터 시작한다.

항아리의 그림을 살펴보면, 이 놀이에서 진 쪽은 이긴 쪽을

업어 주었던 것 같다.

코타보스 (kottabos)

규칙 :

1. 나무 막대기를 똑바로 세운다.
2. 막대기 위에 납작한 철판을 균형을 맞춰 올려놓는다.
3. 손잡이가 둘 달린 잔에 포도주를 아주 조금만 담는다.
4. 한 손으로 그 잔을 쥐고, 안에 담긴 포도주를 손가락으로 튀겨서 막대기 위에 놓인 철판을 떨어뜨린다.

(그리스에서는 다 자란 어른들이 잔치에서 이런 바보 같은 놀이를 즐겼다고 한다.)

철판이나 포도주 대신에 빗자루 막대 끝에 동전을 얹어서 물로 떨어뜨릴 수도 있다. 그렇지만 방 안에서는 절대로 하지 말 것!

부모님의 실력을 테스트해 보자

부모님은 다들 어렸을 때 공부를 잘 했다고 한다. 그런 부모님을 위해 간단한 쪽지 시험을 준비해 보자. 방식은 간단하다. 다음 장난감들이 처음 생긴 시대를 알아맞히면 된다. 부모님이 어렵다고 불평할지 모르니까, 보기를 세 가지 드리자. 그리스 시대, 중세 시대, 근대 중에서 한 가지를 고르는 것이다.

1. 꼭두각시놀이
2. 서양장기
3. 줄다리기
4. 팔다리가 움직이는 인형
5. 모형 장난감
6. 요요
7. 딸랑이
8. 팽이
9. 시소
10. 굴렁쇠굴리기

답 : 정답은 모두 그리스 시대. 운동회의 다른 대결들도 다 틀리면 부모님이 정말로 아래에 나왔는지 의심할 만큼 못한 게 된다.

10점 : 거짓말 한 게 분명하다.
6~9점 : 아는 척하기는 좋은 성적이다.
3~5점 : 점수 올릴 기회가 다시 온다면, 아이가 좋아하는 책 몇 권을 사 줄 것.
0~2점 : 부모님께 평소대로 숙제 도와주기 같은 걸 맡기지 말자. 스스로가 더 잘할 수 있을 것이다. 롤러 스케이트, 그네 시대에 살아서 요즘 장난감을 모르시는 거다.

로마 인의 침략

베네벤툼 전쟁

그리스군은 갈수록 점점 약해져 간 반면, 로마군은 점점 강해졌다. 처음에는 그리스군이 매번 승리했지만, 그 때마다 많은 병사들을 잃었다. 로마군은 전쟁에서 패할 때마다 패배의 원인을 분석하여 단점을 보완하고 힘을 키워 나갔다. 그러다가 결국 기원전 275년에…….

게다가, 새끼코끼리가 로마 군의 창에 놀라 정신 없이 날뛰기 시작했다. 새끼코끼리가 어미코끼리를 찾아 이리저리 날뛰는 바람에 코끼리 주인까지 발에 밟혀 죽었다.

점수판 : 로마군 1 - 그리스와 코끼리 연합군 0

코끼리에 관한 토막 상식

1. 코끼리 부대를 최초로 동원한 사람은 알렉산드로스 대왕이다. 그는 인도를 침략할 때, 코끼리 부대를 동원했다.

2. 코끼리는 적진을 엉망으로 짓밟는 역할 외에 궁수들이 활을 쏘기 위한 받침대 역할도 훌륭히 해냈다.

3. 그리스는 인도에서 코끼리를 수입했다. 코끼리 조련사도 인도 사람이었다. 코끼리는 갓 태어났을 때부터 조련사와 함께 생활했으며, 조련사 아닌 다른 사람의 말은 절대 듣지 않았다. 왜냐 하면, 조련사가 하는 인도말만 알아들었기 때문!

4. 코끼리 조련사는 매우 중요한 역할을 했기 때문에, 그리스의 일반 병사들보다 더 많은 봉급을 받았다.

5. 베네벤툼 전쟁이 있고 나서 1년 후, 그리스군은 아르고스로 진격했다. 이 전쟁에서 한 코끼리가 조련사를 잃었다. 그러자 코끼리는 조련사를 찾아 전쟁터를 이리저리 뛰어다녔다. 한참 만에 숨진 조련사를 발견한 코끼리는 코로 시체를 감아서 어금니 위에 올린 채 전쟁터를 빠져 나갔다. 조련사의 시체를 실은 코끼리가 전쟁터를 떠나는 동안 그리스군은 물론이고 적군인 로마군조차 이 코끼리를 방해하지 않았다.

불쌍한 피루스

피루스(Pyrrhus) 왕은 로마와의 전쟁에서 비참한 최후를 맞이하였다. 기원전 274년, 아르고스를 둘러싸고 로마 군과 싸우던 피루스는 농부가 휘두른 쇠갈고리에 맞아 상처를 입었다. 큰 상처는 입지 않았지만, 화가 단단히 난 피루스는 들고 있던 검으로 농부를 내리쳤다.

그런데 불행하게도, 피루스는 아르고스의 여인들을 미처 생각하지 못했다. 당시 아르고스의 여인들은 지붕 꼭대기에 올라가 전쟁을 구경하고 있었다. 학교 운동회에서 아이들이 경기하는 모습을 지켜보며 응원하는 어머니들과 비슷했다고 보면 된다.

그런데 피루스가 농부를 칼로 내리칠 때, 그만 그 농부의 어머니가 그 광경을 보고 있었다.

"야! 왜 내 아들을 죽이려는 거야, 이 나쁜 놈아!"

농부의 어머니는 고래고래 소리를 지르더니, 자신이 올라서 있던 지붕의 기와를 한 장 뜯어 피루스에게 힘껏 내던졌다.

농부의 어머니가 올림픽 투포환 선수였던지, 아니면 엄청나게 운이 좋았던지, 그 기와는 피루스가 쓴 투구 바로 아래의 뒷목을 정확히 맞혔다. 그 바람에 피루스는 목이 부러지면서 말에서 떨어져 죽어 버렸다.

그 다음 날 신문에는 이런 기사가 대문짝만하게 실렸다고 한다(설마 진짜라고 믿진 않겠지?).

용감한 어머니
자식을 죽인 피루스에게 기와로 복수를 하다

그리스 이야기를 끝내며

그리스가 물러난 자리는 로마가 물려받았다. 로마인은 그리스인보다 훨씬 훌륭한 사람들이 될 수도 있었다. 어쨌든, 영국을 포함해서 전세계의 절반을 차지했으니까 말이다.

그러나 로마인은 그리스인에 비하면 형편 없었다. 그들이 즐기던 놀이나 운동은 그리스의 올림픽과 비교하면 보잘것 없었다. 로마인이 즐기던 것이라고는 고작 사람이 동물을 죽이고, 동물이 사람을 죽이고, 동물이 동물을 죽이고, 사람이 사람을 죽이는 것을 지켜보는 것뿐이었다. 권투만 해도 크게 달랐다. 그리스에서는 현대 권투처럼 글러브를 끼고 권투를 했다. 로마에서도 손에 가죽 끈을 감기는 했지만, 이 가죽 끈에는 쇠못이 박혀 있었다.

그리스의 연극은 흥미진진하고 재미있었다. 로마도 그리스 연극을 흉내내기는 했지만, 폭력이 난무하는 연극만 만들었다. 심지어는 무대에서 진짜로 사람을 죽이기도 했다.

로마가 그리스를 지배하면서 벌어졌던 일을 살펴보면, 그리스가 로마에 넘어가면서 세계가 무엇을 잃게 되었는지 잘 알 수 있다.

아르키메데스(Archimedes)라는 똑똑한 그리스인이 있었다. 로마군이 시라쿠사로 쳐들어오자(기원전 211년) 아르키메데스는 그 똑똑한 머리를 이용해 놀라운 신무기를 발명했다.

그로부터 2년 동안 로마군은 아르키메데스가 발명한 살인광선(거대한 거울로 햇빛을 반사시켜 항구에 정박한 로마군의 배를 불태우는 무기)과 거대한 투석기 때문에 시라쿠사의 성 근처에 가까이 다가가지도 못했다.

그러나 결국 로마 군은 방어벽을 무너뜨리고 시라쿠사에 들어가 수많은 사람을 죽이고 약탈했다. 그 당시 로마 군을 이끌던 장군은 부하들에게 이런 명령을 내렸다. "아르키메데스를 찾아라. 단, 그 위대한 자를 절대로 다치게 해서는 안 된다."

마침내 어느 로마 병사가 아르키메데스의 집을 찾아 냈다. 한참 실험에 몰두하고 있던 아르키메데스는 너무 바빠서 누가 왔는지도 모르고 있었다.

그 모습을 본 로마 병사는 어리둥절해졌다. 이 노인네가 나를 무시하는 건가?

이런 생각이 들자, 로마 병사는 화가 나기 시작했다. 노인네 주제에 감히 나를 무시해?

냉정을 잃은 로마 병사는 무방비 상태의 아르키메데스를 죽여 버리고 말았다. 그토록 지혜롭던 아르키메데스도 이렇게 단칼에 목숨을 잃고 말았다.

이 병사는 아르키메데스를 죽이지 말라는 장군의 명령을 어긴 죄로 처벌을 받았다. 그러나 그렇다고 해서 죽은 아르키메데스가 살아날 수는 없는 법. 아무리 위대한 로마의 업적도 그리스의 영광을 재현하지 못했듯이 말이다.

세계의 패권은 로마의 손에 넘어가고, 그리스 인은 무덤 속으로 사라졌다. 그래서 역사는 비정하다는 것이다.

앗, 시리즈 (전 70권)

수많은 교사와 학생들이 한눈에 반한 책.

전 세계 2천만 독자의 인기를 독차지한 〈앗, 시리즈〉는 수학에서부터 과학, 사회, 역사까지, 공부와 재미를 둘 다 잡은 똑똑한 학습교양서입니다.

수학
- 01 수학이 모두 모여 수군수군
- 02 수학이 수리수리 마술이
- 03 수학이 수군수군
- 04 수학이 또 수군수군
- 05 수학이 자꾸 수군수군 1. 셈
- 06 수학이 자꾸 수군수군 2. 분수
- 07 수학이 자꾸 수군수군 3. 확률
- 08 수학이 자꾸 수군수군 4. 측정
- 09 대수와 방정맞은 방정식
- 10 도형이 도리도리
- 11 섬뜩섬뜩 삼각법
- 12 이상야릇 수의 세계
- 13 수학 공식이 꼬물꼬물
- 14 수학이 꿈틀꿈틀

과학
- 15 물리가 물렁물렁
- 16 화학이 화끈화끈
- 17 우주가 우왕좌왕
- 18 구석구석 인체 탐험
- 19 식물이 시끌시끌
- 20 벌레가 벌렁벌렁
- 21 동물이 뒹굴뒹굴
- 22 화산이 왈칵왈칵
- 23 소리가 슥삭슥삭
- 24 진화가 진짜진짜
- 25 꼬르륵 뱃속여행
- 26 두뇌가 뒤죽박죽
- 27 번들번들 빛나리
- 28 전기가 찌릿찌릿
- 29 과학자는 괴로워?
- 30 공룡이 용용 죽겠지
- 31 질병이 지끈지끈
- 32 지진이 우르쾅쾅
- 33 오싹오싹 무서운 독
- 34 에너지가 불끈불끈
- 35 태양계가 티격태격
- 36 튼튼탄탄 내 몸 관리
- 37 똑딱똑딱 시간 여행
- 38 미생물이 미끌미끌
- 39 의학이 으악으악
- 40 노발대발 야생동물
- 41 뜨끈뜨끈 지구 온난화
- 42 생각번뜩 아인슈타인
- 43 과학 천재 아이작 뉴턴
- 44 소름 돋는 과학 퀴즈

사회 · 역사
- 45 바다가 바글바글
- 46 강물이 꾸물꾸물
- 47 폭풍이 푸하푸하
- 48 사막이 바싹바싹
- 49 높은 산이 아찔아찔
- 50 호수가 넘실넘실
- 51 오들오들 남극북극
- 52 우글우글 열대우림
- 53 올록볼록 올림픽
- 54 와글와글 월드컵
- 55 파고 파헤치는 고고학
- 56 이왕이면 이집트
- 57 그럴싸한 그리스
- 58 모든 길은 로마로
- 59 아슬아슬 아스텍
- 60 잉카가 이크이크
- 61 들썩들썩 석기 시대
- 62 어두컴컴 중세 시대
- 63 쿵쿵쾅쾅 제1차 세계 대전
- 64 쾅쾅탕탕 제2차 세계 대전
- 65 야심만만 알렉산더
- 66 위풍당당 엘리자베스 1세
- 67 위엄가득 빅토리아 여왕
- 68 비밀의 왕 투탕카멘
- 69 최강 여왕 클레오파트라
- 70 만능 천재 레오나르도 다 빈치

전 세계 2천만 독자가 함께 읽는
<앗, 시리즈>